NEW GERMAN STYLE

FÜR DEN HAUSGARTEN

MODERNE GARTENGESTALTUNG
PFLEGELEICHT UND DAUERSCHÖN

Frank M. von Berger

NEW GERMAN STYLE

FÜR DEN HAUSGARTEN

Moderne Gartengestaltung pflegeleicht und dauerschön

Ulmer

INHALT

DIE NEUE LUST AM GÄRTNERN MIT STAUDEN

Stauden sind echte Dauerbrenner im Beet und eigentlich ein unverzichtbares Element der modernen Gartengestaltung. Sie ermöglichen nachhaltige und optisch ansprechende Beetkompositionen. Außerdem bieten sie, kombiniert mit Gräsern, Einjährigen und Ziergehölzen, eine Fülle aufregender Variationsmöglichkeiten. Mit Stauden lassen sich attraktive Beete gestalten, die viele Jahre Freude bereiten.

STAUDENBEETE MAL GANZ ANDERS

MIT STAUDEN ERSCHAFFEN SIE GANZJÄHRIG SCHÖNE UND FASZINIERENDE GARTENBILDER. BEI EINER STANDORTGERECHTEN VERWENDUNG SIND STAUDENBEETE ZUDEM PFLEGELEICHT UND DAUERHAFT.

Seit dem frühen 20. Jahrhundert galten englische Staudenrabatten als das Nonplusultra der Beetgestaltung: raffiniert komponierte Pflanzungen, das Ganze farblich harmonisch perfekt angeordnet und begrenzt von einer scharf gestochenen Rasenkante – beneidenswertes Gartenglück, aber nicht so einfach nachzupflanzen. Und noch weniger einfach zu pflegen, zumal wir im Alltag oft viel zu eingespannt sind, um uns täglich stundenlang um unseren Garten zu kümmern.

PFLEGELEICHTE UND ÄSTHETISCHE BEETE

Gerade deshalb entwickelte sich seit den 1980er-Jahren ein neuer Trend in der Gartengestaltung: das Gärtnern mit Stauden, die naturnah, großflächig, pflegeleicht und dennoch ästhetisch ansprechend verwendet werden. So entstehen geradezu impressionistisch wirkende Gartenbilder mit zahlreichen Variationsmöglichkeiten.

Für diese Art des Gärtnerns braucht man kein umfangreiches Pflanzenwissen. Denn zum Glück haben sich Experten ihre klugen Köpfe für uns zerbrochen und wir können dankbar auf die praktischen Ergebnisse ihrer Studien zurückgreifen. In diesem Buch finden Sie einfache, praxisnahe Vorschläge für diese neue Art des Gärtnerns mit Stauden.

Staudengarten auf der Freundschaftsinsel in Potsdam.

EIN BLICK ZURÜCK

Im 19. Jahrhundert dominierten in Europas öffentlichen Parks, genauso wie in Privatgärten, schmucke Teppichbeete mit einjährigen Sommerblumen sowie Rosenbeete das Bild. Stauden wurden, bis auf wenige Ausnahmen, eher selten eingesetzt. Erst gegen Ende des Jahrhunderts entdeckten, vor allem in Großbritannien, Gartengestalter wie der Ire William Robinson (1838–1935) und die Engländerin Gertrude Jekyll (1843–1932) die Vielseitigkeit von Stauden für den Garten. Insbesondere Gertrude Jekyll setzte Stauden großzügig in Mischpflanzungen ein. Zunächst beschränkte sich diese Entwicklung auf das Vereinigte Königreich.

INNOVATIVE ANSÄTZE

Doch Anfang des 20. Jahrhunderts bewegte sich auch „auf dem Kontinent" etwas. Insbesondere in Deutschland entwickelte sich ein neuer Ansatz der Beetgestaltung, der sich mehr an natürlichen Vorbildern orientierte. Im Vordergrund stand auch hier die Verwendung von Stauden statt einjähriger Gewächse. Ziel war ein ganzjährig schönes Erscheinungsbild der Pflanzungen, ohne viel Zeit und Kosten für die Pflege und Erhaltung investieren zu müssen.

Einen ersten Höhepunkt erlebte die Beetgestaltung mit Stauden in Deutschland zwischen den beiden Weltkriegen. Das im Handel erhältliche Staudensortiment wurde damals enorm erweitert. Züchter wie Karl Foerster, Ernst Pagels und Georg Arends entwickelten erfolgreich neue Züchtungslinien, etwa bei Rittersporn (*Delphinium*), Steppen-Salbei (*Salvia nemorosa*), Eulaliagräsern (*Miscanthus sinensis*) und Prachtspieren (*Astilbe*).

Indianernesseln (*Monarda*-Hybriden) bringen mit ihren lebhaften, sommerlichen Farben Temperament ins Staudenbeet.

WIRTSCHAFTSWUNDER UND ÖKO-WELLE

Nach dem Zweiten Weltkrieg verwendete man in Deutschland zunächst weiterhin gern Stauden. Doch mit dem Wirtschaftsboom in den 1960er-Jahren wanderten die Arbeitskräfte in die Industrie ab. Handarbeit im Beet wurde knapp und teuer. Daher ersetzte man Stauden im öffentlichen Raum immer öfter durch pflegeleichte Bodendecker. Wer kennt sie nicht aus eigener Anschauung, diese etwas langweiligen Pflanzungen, etwa mit kriechender Fächer-Zwergmispel (*Cotoneaster horizontalis*)? Hübsch praktisch, aber genauso bieder und reizlos wie die Architektur dieser Jahre.

Mit dem Aufkommen der Ökologiebewegung in den 1970er-Jahren setzte ein Umdenken ein. Statt der monotonen und sterilen Pflanzungen mit „Exoten", also nicht einheimischen Pflanzenarten, besann man sich auf den Wert der lokal vorhandenen botanischen Vielfalt für die Umwelt. Angestammten Pflanzenarten sollte nun der Vorzug gegeben werden. Wie so oft wurde ein Extrem durch ein anderes ersetzt und Gewächse wurden in „gut" (weil einheimisch) und „böse" (weil exotisch) eingeteilt. Statt ästhetischer Kriterien überwogen nun moralische Aspekte bei der Pflanzenauswahl.

Glücklicherweise wich das einseitige Dogma der frühen Öko-Bewegung bald einer entspannteren Kompromisshaltung: Auch Pflanzen aus Übersee können einen ökologischen Nutzen haben. Europäische Bienen freuen sich eben auch über blühende Sonnenhüte (*Rudbeckia*) und Indianernesseln (*Monarda*) aus Nordamerika. Mit der Wiederentdeckung der Stauden mit ihrer ganzen Vielfalt erlebte auch die Lust am kreativen Gärtnern eine Renaissance. Plötzlich war es schick geworden, neue Pflanzenarten in den Garten zu holen, den Buckel im Beet krumm zu machen und abends mit Dreck unter den Fingernägeln, aber rundum glücklich, aus dem Garten heimzukehren.

STAUDEN UND IHRE LEBENSBEREICHE

Damit die modernen Pflanzungen nicht nur hübsch aussehen, sondern auch langlebig und pflegeleicht sind, musste man sich zwangsläufig intensiver mit den Ansprüchen und Eigenheiten der jeweiligen Staudenarten befassen. Richard Hansen (1912–2001), ein Schüler des legendären Staudenzüchters Karl Foerster (1874–1970), teilte Anfang der 1980er-Jahre Stauden nach ihren natürlichen Standortvorlieben und Wuchseigenschaften in ein praktikables System ein. Zusammen mit Friedrich Stahl führte er den Begriff „Lebensbereiche“ in die Gartengestaltung ein. Die Idee dahinter war, dass sich Pflanzen mit gleichen Standortansprüchen gut miteinander kombinieren lassen und die Gestaltung schöner, pflegeleichter Gartenbeete ermöglichen. Hansen gab auch konkrete Empfehlungen bezüglich der verschiedenen Standorttypen für die Kombination zueinander passender Stauden, Zwiebel- und Knollenpflanzen, Ziergräser und Gehölze. Im Jahr 1947 hatte er im bayerischen Freising den Sichtungsgarten Weihenstephan gegründet, die erste wissenschaftlich begleitete Einrichtung zur Begutachtung von Stauden hinsichtlich ihrer Verwendung an unterschiedlichen Standorten in Deutschland. Vorbild war der von Karl Foerster und Hermann Matern noch vor dem Zweiten Weltkrieg in Potsdam angelegte Sichtungsgarten auf der Freundschaftsinsel, der im Jahr 2001 restauriert wurde. Die Weihenstephaner Gärten sind aufgrund der Vielfalt und Schönheit der Pflanzungen inzwischen ein echter Besuchermagnet. Ein Schüler Hansens, Urs Walser, baute später zusammen mit Hans Luz den Schau- und Sichtungsgarten Hermannshof in Weinheim auf.

Wohnhaus und Garten von Karl Foerster in Bornim bei Potsdam.

SICHTUNGSGÄRTEN

Die Rolle der Sichtungsgärten für die moderne Beetgestaltung kann nicht hoch genug eingeschätzt werden. Die Idee, die besten Staudensorten über mehrere Jahre hin zu beobachten, stammt übrigens aus England. Sichtung bedeutet, die Pflanzen auf Eigenschaften wie

WAS SIND EIGENTLICH STAUDEN?

Stauden sind mehrjährige Gewächse, die im gemäßigten mitteleuropäischen Klima überdauern. Im Frühjahr treiben sie aus ihren in der Erde ruhenden Überwinterungsorganen – das können Wurzeln, Knollen, Rhizome oder Zwiebeln sein – wieder aus. Stauden sind meist krautig, also mit weichen, seltener verholzenden Trieben.

Winterhärte, Ausdauer, Wuchskraft, Standfestigkeit, Reichblütigkeit, etwaige Resistenzen gegenüber Krankheiten und Schädlingen sowie Wetterbeständigkeit zu prüfen. Weiter werden die Sorten auch auf die Vermehrbarkeit, den Marktwert und die Verwendbarkeit in Pflanzengemeinschaften geprüft. Ein weiterer wichtiger Aspekt ist die Wirkung der Stauden vor, während und nach der Blüte, die Blütezeit, die Blühdauer und die Blütenfarbe. Letztere Faktoren haben einen wesentlichen Einfluss auf die Gesamtwirkung eines Beetes über den Moment hinaus. Die in den Sichtungsgärten gewonnenen Daten werden im Arbeitskreis Staudensichtung des Bundes deutscher Staudengärtner (BdS) zusammengetragen und ausgewertet. Da es in Deutschland regional recht unterschiedliche Klimabedingungen gibt, werden die Pflanzen außer in Weinheim und Weihenstephan auch in weiteren Sichtungsgärten, etwa in Erfurt, Hannover, Dresden, Stuttgart-Hohenheim und Bonn, einer Prüfung unterzogen. Diese Sichtungsgärten geben wichtige Impulse für die Pflanzenverwendung im modernen Gartenbau, aber sie können und sollen auch Hobbygärtner inspirieren.

AUFBRUCH ZU NEUEN GARTENABENTEUERN

Wegweisend für die neue Art der Staudenverwendung war der Gedanke, in Gärten, Parks und im öffentlichen Raum ereignisreiche und dennoch pflegeleichte Bepflanzungskonzepte zu entwickeln. Um dies in die Öffentlichkeit und auch in das Bewusstsein von passionierten Hobbygärtnern zu tragen, brauchte es herausragende Einzelpersönlichkeiten.

Nachdem Richard Hansen 1981 zusammen mit Friedrich Stahl das Buch „Die Stauden und ihre Lebensbereiche" veröffentlicht hatte, gewann die Idee, Stauden nach ihren Standortvorlieben zu verwenden, zunächst in Fachkreisen an Bedeutung. Es erfolgte eine Abkehr von konventionellen ästhetischen Geschmacksvorstellungen mit Hinwendung zur Wahrnehmung aller Aspekte der verwendeten Pflanzen, also auch so wichtiger Details wie Wuchsform, Laubstrukturen und -texturen sowie der Fruchtstände und des winterlichen Erscheinungsbildes. Dass dieses Buch dann 1993 sogar ins Englische übersetzt und von den Lesern sehr interessiert aufgenommen wurde, ist nahezu sensationell und sorgte für internationale Aufmerksamkeit.

Eine Protagonistin der neuen Staudenverwendung war die Gartenplanerin Rosemarie Weisse (1928–2002), die 1983 mit ihrer Pflanzung im Münchner Westpark im Zuge der IGA Aufsehen erregte und sogar bei britischen Gartenenthusiasten Bewunderung hervorrief. Sie orientierte sich bei der Gestaltung am Vorbild der Steppenheide mit Gräsern und Wildstauden vorwiegend aus der nordamerikanischen Prärienlandschaft. So entstanden attraktive Rabatten, bei denen es nicht um die einzelne Pflanze, sondern die Gesamtwirkung geht. Ein Nebeneffekt ist die Pflegeleichtigkeit solcher Beete.

Sommerliche Staudenbeete im Sichtungsgarten Hermannshof, Weinheim.

Hans Simon (geb. 1926), ein bei Richard Hansen promovierter Gartenbauingenieur und Pflanzplaner, sorgte durch seine intensive Vortragstätigkeit und publizistische Arbeit dafür, dass die naturnahe Staudenverwendung immer bekannter wurde. Zudem gerieten durch seine Sortiments- und Versuchsgärtnerei im unterfränkischen Marktheidenfeld zahlreiche bislang unbekannte Staudenarten und -sorten ins Blickfeld der interessierten Laien und Profis – und fanden somit auch ihren Weg in die Gärten. Denn obwohl die Theorie eine wichtige Rolle bei der Verbreitung eines neuen Gartenstils spielt, kommt es vor allem auf die praktischen Erfahrungen mit den Pflanzen und auf deren Verfügbarkeit im Handel an, damit sich eine Strömung nicht nur in der Fachwelt, sondern auch in Privatgärten durchsetzen kann.

Der Hansen-Schüler Urs Walser zählt mit seinen Pflanzungen im Schau- und Sichtungsgarten Hermannshof im badischen Weinheim ebenfalls zu den Wegbereitern der modernen Staudenverwendung. Neben der optisch ansprechenden Wirkung der Staudenpflanzungen spielt bei seinem Konzept der modernen Pflanzenverwendung die Pflegeleichtigkeit eine wesentliche Rolle. Gerade im öffentlichen Raum ist dieser Aspekt aus Kostengründen nicht zu vernachlässigen. Erreicht wird dies durch weniger komplexe Pflanzungen mit einfachen Pflanzschemata und einer reduzierten Auswahl der verwendeten Arten. Und was sich im öffentlichen Stadtgrün bewährt hat, kann auch im Privatgarten genutzt werden und zu neuer Lust am Gärtnern führen. Denn wenn man sich nicht ständig um eine Pflanzung kümmern muss, hat man viel mehr Zeit, den Garten entspannt zu genießen.

GANZJÄHRIG SCHÖNE STAUDEN

Stauden sind nicht nur zur Blütezeit attraktiv. Vom Austreiben über das Knospenstadium und die sich entfaltenden Blüten bieten sie bis zum Verblühen und dem entstehenden Fruchtstand einen abwechslungsreichen Blickfang im Garten.

Epimedium pubigerum

Elfenblume, Sockenblume

AUSSEHEN: Eine immergrüne, kurze Ausläufer bildende Staude. Die Blätter sind herzförmig, spitz zulaufend, unterseits flaumig behaart und am Rand gezähnt. Im Jugendstadium sind sie kupferfarben, später mittelgrün. Im April und Mai erscheinen an drahtigen Trieben über dem Laub lockere Trauben bis 1 cm großer, kurz gespornter, weiß-gelber Blüten. Die Pflanze wird etwa 20 cm hoch und breit.

STANDORT: Halbschattig bis schattig in humosem, nährstoffreichem, feuchtem, aber gut durchlässigem Boden.

PFLEGE: Schützen Sie das immergrüne Laub im Winter vor austrocknenden Winden und schneiden Sie im Frühjahr welkes Laub aus.

VERMEHRUNG: Durch Teilen im Spätwinter oder nach der Blüte.

KOMBINATION: Elfenblumen bilden als Unterpflanzung und am Rand von Gehölzgruppen einen ganzjährig attraktiven Blickfang. Pro m² benötigt man 16 Pflanzen.

ALTERNATIVE: Ein ähnlich anspruchsloser, immergrüner Bodendecker ist das Dickmännchen, auch Ysander genannt (*Pachysandra terminalis*). Die Pflanze schmückt sich im April und Mai mit kleinen, rahmweißen, flockenartigen Blüten.

Phlomis russeliana

Russels Brandkraut, Goldquirl

AUSSEHEN: Die Staude hat große, rhizomartige Wurzelknollen. Die eiförmigen, apfelgrünen, filzig behaarten Blätter werden bis 25 cm groß und sind in milden Wintern immergrün. Im Juni und Juli erscheinen an aufrechten, festen Stängeln hellgelbe, an mehreren Quirlen übereinander stehende Lippenblüten. Nach dem Abwelken der Blüten bleiben die bis 90 cm hohen Stängel mitsamt der Fruchtstände bis in den Winter hinein stehen, was insbesondere bei Reif und Schnee sehr hübsch aussieht.

STANDORT: Sonnig bis halbschattig in durchlässigem, mäßig fruchtbarem, nicht zu feuchtem Boden.

PFLEGE: Schneiden Sie im zeitigen Frühjahr welkes Laub und trockene Blütenstängel zurück.

VERMEHRUNG: Durch Aussaat bei Samenreife oder im Frühjahr, Teilen im Frühjahr oder Herbst.

KOMBINATION: Die Staude wirkt am schönsten in Gruppen und eignet sich ideal für Kies- und Steppengärten. Gute Partner sind Steppen-Salbei (*Salvia nemorosa*) und Perowskie (*Perovskia*). Pro m² benötigt man 6 Pflanzen.

ALTERNATIVE: Die Schwarze Königskerze (*Verbascum nigrum*), eine kurzlebige Staude, hat ebenfalls große, schmal herzförmige Blätter und einen bis 90 cm hohen, schlanken Blütenschaft mit hellgelben Blüten.

Euphorbia amygdaloides

Mandelblättrige Wolfsmilch

AUSSEHEN: Die immergrüne, buschig wachsende, bis 80 cm hohe Staude hat rötlich grüne Sprossen und spatelförmige, matt dunkelgrüne, bis 8 cm lange Laubblätter, die quirlförmig um den Spross angeordnet sind. Im April und Mai erscheinen 20 cm hohe Blütenstände mit grünlich gelben Hochblättern und winzigen echten Blüten.

STANDORT: Halbschattig in frischem, humosem, durchlässigem Boden.

PFLEGE: Schützen Sie die immergrüne Pflanze im Winter vor austrocknenden Winden. Die welken Blütenstände können, müssen aber nicht zurückgeschnitten werden. Vermeiden Sie dabei den Hautkontakt mit dem giftigen Milchsaft.

VERMEHRUNG: Durch Aussaat nach der Samenreife oder im Frühjahr. Grünstecklinge können Sie im Frühsommer bewurzeln.

KOMBINATION: Eine strukturstarke Staude für den Gehölzrand und halbschattige Steingärten. Hüsch zusammen mit Orientalischer Nieswurz (*Helleborus orientalis*). Pro m² benötigt man 5–7 Pflanzen.

ALTERNATIVE: Mit wintergrünen Farnen wie Streifenfarn (*Asplenium trichomanes*) oder Rippenfarn (*Blechnum spicant*) können Sie an schattigen, feuchten Standorten eine ähnlich aparte Laubwirkung erzielen.

NEW GERMAN STYLE

Für manche ist das Gärtnern im New German Style nur ein Trend von vielen. Andere halten diese relativ neue Art der Staudenverwendung für wegweisend und eine ideale Antwort auf die Herausforderungen des Klimawandels und das wachsende Interesse an nachhaltigen, ökologischen Gartenkonzepten. Aber was genau verbirgt sich hinter dem Begriff New German Style – und wie kam er zu seinem Namen?

Der traditionelle englische Cottage-Garten ist zwar schön, aber bezüglich Pflege und Erhaltung auch sehr aufwändig. Gerade in wirtschaftlichen Krisenzeiten also nicht gerade das, was finanziell klamme Gemeinden und Grundbesitzer zu schätzen wissen. Daher suchten Anfang der 1990er-Jahre britische Gartenplaner nach einer neuen, zwar preiswerten, aber dennoch qualitativ hochwertigen und nachhaltigen, zudem aber auch ästhetischen Lösung für Pflanzungen in öffentlichen ebenso wie in privaten Gärten. Fündig wurden sie überraschenderweise in Deutschland. Eine Schar aufgeschlossener englischer Gartenplaner besuchte unter anderem die von Rosemarie Weisse im Münchner Westpark gestalteten Anlagen und den damals von Urs Walser geleiteten Schau- und Sichtungsgarten in Weinheim an der Bergstraße sowie den Sichtungsgarten im bayerischen Weihenstephan. Die englischen Gartenspezialisten kamen auf ihrer Exkursion in Deutschland zum ersten Mal in Kontakt mit dem Konzept der Lebensbereiche von Richard Hansen, also der standortgerechten und dadurch relativ pflegeleichten Pflanzenverwendung. Auf einem Symposium in den südwestlich von London gelegenen Kew Gardens stellten Rosemarie Weisse und Urs Walser im Jahr 1994 dem aus Landschaftsarchitekten, Gartendesignern, Staudenzüchtern, Gartenjournalisten, Fotografen und Universitätsdozenten bestehenden Publikum die Theorie der Lebensbereiche vor. Für die traditionsverhafteten Briten, die sich bei der Gartengestaltung immer noch vor allem an Vorbildern aus dem viktorianischen England orientierten, war das ein ganz neuer Ansatz der Gartengestaltung. Hier schien sich eine Antwort auf die damalige Krise der englischen Gartenplaner zu offenbaren.

Der Brite Christopher Bradley-Hole war ganz begeistert und witterte als einer der ersten Landschaftsarchitekten revolutionäre Veränderungen in der englischen Gartenszene. Er verwirklichte im Jahr 1997 auf der renommierten Chelsea Flower Show ein Beetkonzept, bei dem er die neue, aus Deutschland stammende Pflanzenverwendung in der Praxis vorstellte. Nicht zuletzt dadurch wurde diesem innovativen Gartenstil international immer mehr Aufmerksamkeit zuteil.

Doch wie sollte man die neue Art des Gärtnerns kurz und griffig beschreiben? Das Kind brauchte unbedingt einen Namen. Da das innovative Konzept der Pflanzenverwendung aus Deutschland stammte, bot sich die Bezeichnung New German Style an. Geprägt wurde der Begriff durch den englischen Gartenjournalisten Stephen Lacey. Diese Bezeichnung etablierte sich um die Jahrtausendwende zunächst in Fachkreisen, um später auch allgemein als neuer Gartenstil für öffentliche und private Gärten bekannt zu werden.

Staudenbeet mit Scheinsonnenhut, Duftnesseln, weiß blühendem Blauweiderich und dunkelroten Dahlien.

ZURÜCK ZU DEN WURZELN

Um die Jahrtausendwende kehrte der New German Style zurück in das Land seiner Entstehung. Vor allem der Leiter des Sichtungsgartens Hermannshof in Weinheim, Cassian Schmidt, hatte großen Anteil daran, dass New German Style für viele Gartenfreunde kein Fremdwort mehr ist. Cassian Schmidt ist heute einer der einflussreichsten Vertreter dieser Art der modernen Staudenverwendung und wird in Fachkreisen manchmal auch humorvoll „Mister New German Style" genannt. Er übernahm 1998 die Leitung des Schau- und Sichtungsgartens Hermannshof und bepflanzte dort im Jahr 2001 eine größere Fläche vorzugsweise mit Präriestauden, etwa verschiedenen Arten von Scheinsonnenhut (*Echinacea*), Duftnesseln (*Agastache*) und ausdauernden Gräsern, wie Rutenhirse (*Panicum*).

Aus diesen ersten praktischen Erfahrungen mit dem innovativen Pflanzkonzept wurden in den folgenden Jahren beispielhafte Staudenmischungen entwickelt, die in Fachkreisen unter dem Namen „Weinheimer Mischungen" bekannt sind. Sie tragen so klangvolle Namen wie „Indianersommer", „Präriesommer" und „Präriemorgen". Zu kaufen gibt es diese Mischungen im Hermannshof in Weinheim nicht. Die genaue Zusammensetzung der Mischungen kann man jedoch unter anderem über das Internet erfahren, wo man auch Versandgärtnereien findet, die diese Pflanzen zusammen mit einfach nachzuvollziehenden Anleitungen anbieten. Die „Weinheimer Mischungen" eignen sich übrigens nicht nur für großflächig angelegte Beete im öffentlichen Raum, sondern auch für den Hausgarten.

Beispielhaft nach dem Konzept des New German Style angelegte Pflanzungen im öffentlichen Raum erwiesen sich in den vergangenen Jahren oft genug als Besuchermagnete. Der Hermannshof etwa wird wegen der Schönheit der Pflanzungen von vielen Interessierten besucht, die zum Teil weite Wege auf sich nehmen. Auf der von Gartenfreunden gern besuchten Bodenseeinsel Mainau wurde im Jahr 2010 auf dem Gelände des ehemaligen Roseninformationsgartens auf rund 4000 m² ein Staudengarten angelegt, dessen Gestaltung sich im Wesentlichen am New German Style orientiert.

Diese Staudenpflanzung soll den Besuchern einen lebendigen Eindruck von den aktuellen Strömungen im Gartenbau vermitteln und vor allem Hobbygärtnern neue Impulse für Gestaltungen im eigenen Hausgarten geben.

Angesichts des Beispiels der Staudenpflanzung auf der Mainau muss aber darauf verwiesen werden, dass der Begriff New German Style von vielen Fachleuten und Gartenjournalisten ganz unterschiedlich interpretiert wird. Zwar wurden im Staudengarten auf der Mainau viele Prinzipien der standortgerechten Staudenpflanzung gemäß der Lebensbereiche im Sinne des New German Style umgesetzt. Aber so eine Schaupflanzung lebt eben auch von Effekten und soll möglichst spektakulär wirken, zumal die Mainau ihren Betrieb durch die Eintrittsgelder finanzieren muss und daher den Besuchern Blüten-Sensationen bieten möchte. Der Anteil an Prachtstauden, die mehr Dünger und Pflege benötigen, ist hier im Staudengarten dementsprechend höher als in einem puristisch bepflanzten New German Style-Garten – was durchaus seinen eigenen Reiz hat. Deshalb können streng genommen allein die Randbereiche des dortigen Staudengartens als typisches Beispiel für den New German Style gelten.

Staudengarten auf der Insel Mainau.

Blasser Scheinsonnenhut (*Echinacea pallida*) lässt sich gut mit Gräsern kombinieren.

ZÜCHTUNGEN VON ERNST PAGELS

Ernst Pagels war ein begeisterter Staudenzüchter, dem es insbesondere das Eulaliagras angetan hat. Wir verdanken ihm viele wertvolle Sorten des auch als Silber-Chinaschilf bekannten Grases sowie weitere Staudenschätze.

Miscanthus sinensis 'Graziella'

Eulaliagras, Silber-Chinaschilf

AUSSEHEN: Ein Horste bildendes Gras mit schmalen, grünen, bis 100 cm hohen, bandartigen Blättern, die sich im Herbst rotbraun färben. Im September und Oktober erscheinen über den Blatthorsten im Aufblühen seidig rosafarbene, später silberweiße lockere Blüten an bis zu 130 cm hohen Stängeln.

STANDORT: Sonnig bis halbschattig in tiefgründigem, humosem, nährstoffreichem, mäßig feuchtem Boden.

PFLEGE: Binden Sie das Laub im Herbst zusammen. So ist der Horst im Winter vor Frost und Nässe geschützt. Im März/April schneiden Sie die vorjährigen Blätter etwa 20 cm über dem Boden ab.

VERMEHRUNG: Durch Teilung bei Wachstumsbeginn im Frühjahr.

KOMBINATION: 'Graziella' ist eine dekorative, mittelhohe Sorte der beliebten Grasart, die gern als Solitär oder im Hintergrund von Staudenbeeten eingesetzt wird. Schön zusammen mit hohen, im Herbst blühenden Astern, der Fetthenne 'Karfunkelstein' und Garten-Chrysanthemen (*Chrysanthemum × grandiflorum*). Pro m^2 benötigt man 1 Pflanze.

ALTERNATIVE: Für kleinere Beete können Sie auch kleiner bleibende Gräser wählen, etwa Sorten des Federborstengrases (z. B. *Pennisetum alopecuroides* 'Hameln') Die Horste dieser Sorte werden nur etwa 30 cm hoch.

Salvia nemorosa 'Ostfriesland'

Steppen-Salbei

AUSSEHEN: Eine aufrechte, reich verzweigte, Horste bildende, an der Basis verholzende Staude mit lanzettlichen, runzeligen, mittelgrünen Laubblättern. Im Mai und Juni erscheinen an aufrechten, kerzenförmigen Ähren kleine, röhrenförmige, zweilippige Blüten in Blauviolett. Die Pflanzen werden 40–60 cm hoch und breit.

STANDORT: Vollsonnig in mäßig nährstoffreichem, durchlässigem Boden.

PFLEGE: Wenn Sie die Pflanzen direkt nach der Blüte um ein Drittel zurückschneiden, blühen sie ein zweites Mal im August/September.

VERMEHRUNG: Durch Teilen im Frühjahr. Im Sommer können Sie halb verholzte Stecklinge bewurzeln.

KOMBINATION: Die robuste, langlebige Staude eignet sich für Beete und Rabatten, insbesondere im Kiesgarten. Schöne Begleiter sind Mädchenauge (*Coreopsis grandiflora*), Sonnenhut (*Rudbeckia fulgida*), Nachtkerze (*Oenothera*) und niedrige Gräser. Pro m² benötigt man 3–5 Pflanzen.

ALTERNATIVE: Eine ähnliche Fernwirkung haben durch ihre ebenfalls kerzenförmigen, blauen Blüten einige aufrecht wachsende Ehrenpreis-Arten (z. B. *Veronica longifolia* 'Eveline') oder Virginischer Arzneiehrenpreis (*Veronicastrum virginicum* 'Lavendelturm'), letzteres eine weitere Züchtung von Ernst Pagels.

Sedum-Hybride 'Karfunkelstein'

Fetthenne

AUSSEHEN: Die auch unter dem Namen 'Xenox' geführte, 50 cm hohe Sorte gilt als die bislang dunkellaubigste aller hohen Fetthennen. Die Gruppen bildende Staude hat aufrechte, unverzweigte, kräftige Triebe, an denen fleischige, dunkelbraunrote, bereifte, bis 8 cm lange, eiförmige Blätter stehen. Zwischen August und September entwickeln sich aus dunklen Knospen bräunlich rosafarbene, 1 cm breite Blüten, die in abgeflachten, bis zu 10 cm breiten Trugdolden zusammenstehen.

STANDORT: Sonnig in nährstoffreichem, mäßig feuchtem, durchlässigem Boden.

PFLEGE: Teilen Sie die Staude alle 3–4 Jahre, damit sie kompakt bleibt und schneiden Sie die Triebe erst im Spätwinter ab.

VERMEHRUNG: Durch Teilen im Frühjahr vor dem Austrieb.

KOMBINATION: Wegen der intensiven Laubfarbe passt diese Fetthenne gut zu grau- und silberlaubigen Stauden wie etwa Edelraute (*Artemisia*). Pro m² benötigt man 3–4 Pflanzen.

ALTERNATIVE: Da es bei dieser Staude vor allem auf die intensiv braunroten Blätter ankommt, können Sie stattdessen auch andere rotlaubige Stauden wie Purpurglöckchen (z. B. die *Heuchera*-Hybriden 'Palace Purple' oder 'Obsidian') verwenden.

Staudenbeet im Hochsommer von Piet Oudolf im Pensthorpe Millenium Garden in Norfolk, England.

Das gleiche Beet in herbstlicher Farbstimmung.

WAS IST DER NEW GERMAN STYLE GENAU?

Bei aller Theorie stellt sich nun die Frage: Welche Kriterien machen eigentlich einen typischen Garten im New German Style aus? Dieses Konzept kann griffig und kurz folgendermaßen zusammengefasst werden:

- Die Verwendung der Pflanzen gemäß ihres natürlichen Standorts (Stichwort: standortgerechtes Pflanzen).
- Die Verwendung der Pflanzen in ihrer Anzahl und Gruppierung gemäß ihrer natürlichen Verbreitung – nicht zu viele und nicht zu wenige Exemplare pro Quadratmeter.
- Die Kombination der Pflanzen gemäß ihres natürlichen Wuchs- und Ausbreitungsverhaltens: Manche Pflanzen neigen zum Wuchern, andere stehen gern allein.
- Die Mengenverteilung der Pflanzenarten nach dem Leitstauden- und Aspektbildnerprinzip: Einige Stars im Beet machen Eindruck, aber ein begleitender Hofstaat steigert deren Wirkung noch.
- Die Planung von Struktur, Textur und Farbe der Pflanzenkombination entsprechend der Garten- bzw. Beetgröße. Zu große „Knaller“ sprengen den Rahmen in einem kleinen Beet, aber in großzügigen Pflanzungen können sie eine frappierende Fernwirkung entfalten.
- Das Berücksichtigen jahreszeitlicher Einflüsse auf die Stauden-Mischpflanzung. Manche Stauden sehen auch im Herbst und Winter schön aus, andere haben ihren Höhepunkt im Frühling oder Sommer.
- Die Berücksichtigung des Lebenszyklus der verwendeten Stauden: Kurzlebige Arten können zwischen „Dauerbrennern“ für lebendige Akzente und saisonale Highlights sorgen.

Ziel der Beetgestaltung im New German Style ist die dauerhafte Etablierung einer Gesellschaft aus Pflanzen, vor allem Stauden, die wenig Pflege braucht, aber ganzjährig für ein lebendiges Gartenbild sorgt.

DUTCH WAVE UND ANDERE INTERNATIONALE BEWEGUNGEN

Etwa gleichzeitig mit der Entdeckung des New German Style durch die Fachwelt entstanden in den Niederlanden und in Nordamerika ähnliche Strömungen der neuen Staudenverwendung. Die Dutch Wave und New American Garden genannten Bewegungen haben viel mit dem New German Style gemeinsam. Alle drei Richtungen wurden von visionären Gartenenthusiasten entwickelt, die sich untereinander ausgetauscht und befruchtet haben.

Im Unterschied zum New German Style, bei dem auch außereuropäische Stauden, insbesondere Präriestauden, bei der Bepflanzung von Beeten Verwendung finden, ist der Einsatz von Wildstauden ein wesentlicher Aspekt der Dutch Wave-Bewegung. Dabei werden nicht nur, aber bevorzugt, einheimische Gewächse berücksichtigt. „Tuinen“, also die typischen Landgärten der Region, waren in den Niederlanden schon vor Jahrzehnten eine wichtige Inspirationsquelle für die naturnahen, modernen Pflanzkonzepte für private und öffentliche Gärten.

Ebenfalls unter Einbeziehung einheimischer Wildpflanzen, in diesem Fall aber Präriestauden, entwickelte sich mit dem sogenannten New American Style etwa zeitgleich in den USA eine ebenso innovative Richtung der Garten- und Landschaftsgestaltung.

Die Grenzen zwischen den drei Stilen, wenn es überhaupt Grenzen gab, verschwammen mit den Jahren mehr und mehr. Die Liebe zur Sache blieb: die Kombination neuer Pflanzen in unkonventionellen, aber attraktiv und nachhaltig gestalteten Beeten zu einem reizvollen Gesamtbild. Und so werden alle drei Stile heutzutage als die maßgebliche Form der modernen Gartengestaltung angesehen.

WILDSTAUDEN

Puristen verwenden in ihrem Garten nur einheimische Stauden und auch davon nur die Wildformen. Es gibt aber viele schöne Wildstauden aus fernen Ländern sowie zahlreiche Zuchtvarianten, die einen Garten durchaus bereichern.

Aquilegia vulgaris

Gewöhnliche Akelei

AUSSEHEN: Die Horste bildende Staude hat graugrüne, 7–8 cm große Blätter. Im Mai und Juni ragen 80–100 cm hohe Stängel mit zahlreichen, in aufrechten Rispen stehenden, nickenden Blüten hervor. Typisch ist die sternartige Kelchform mit lang gespornten Kronblättern. Das Farbspektrum reicht von Reinweiß über Rosa- und Purpurtöne bis hin zu Blau und Violett. Es gibt gefüllte Sorten und solche, die fast schwarz wirken. Die relativ kurzlebigen Stauden werden bis 45 cm breit.

STANDORT: Sonnig bis halbschattig. Feuchter, aber gut durchlässiger Boden.

PFLEGE: Sehr anspruchslos und robust. Um eine unkontrollierte Ausbreitung zu verhindern, schneiden Sie nach der Blüte die Samenkapseln ab.

VERMEHRUNG: Durch Aussaat nach der Samenreife.

KOMBINATION: Ideal für naturnah angelegte Bauern- und Cottage-Gärten sowie den Gehölzrand. Akeleien passen zu Pfingstrosen (*Paeonia*), Wiesen-Schwertlilie (*Iris sibirica*), Storchschnabel-Arten (*Geranium*) und Tränendem Herz (*Dicentra spectabilis*). Pro m² benötigt man 5–9 Pflanzen.

ALTERNATIVE: Die Sterndolde (*Astrantia major*) hat ähnliche Standortansprüche und einen vergleichbaren Habitus. Die von Mai bis August erscheinenden Blüten sind jedoch doldenförmig und variieren, je nach Sorte, zwischen grünlich weiß, rosa und purpurrot.

Linaria purpurea

Purpur-Leinkraut

AUSSEHEN: Die anspruchslose Staude aus Südeuropa, die auch bei uns meist winterhart ist, hat aufrechte, verzweigte Stängel mit 2–6 cm langen, schmalen, mittelgrünen Blättern. Von Juni bis September erscheinen lange, spitz zulaufende Trauben violettpurpurner Blütchen mit kurzem, gebogenem Sporn. Die zierliche Staude erreicht eine Wuchshöhe von 90 cm.

STANDORT: Sonnig in gut durchlässigem, nährstoffarmem, sandig-lehmigem Boden.

PFLEGE: Sehr pflegeleicht. Echter und Falscher Mehltau können aber Probleme machen.

VERMEHRUNG: Durch Aussaat im Frühjahr. Auch Teilung und das Abnehmen von Stecklingen im Frühjahr sind möglich.

KOMBINATION: Aufgrund der Trockenheitsverträglichkeit eine ideale Staude für Extremstandorte wie Kies- und Dachgärten. Besonders gut passt sie zu Gräsern und graulaubigen Stauden wie Edelraute (*Artemisia*), Woll-Ziest (*Stachys byzantina*) und Perlkörbchen (*Anaphalis*). Pro m² benötigt man 11 Pflanzen.

ALTERNATIVE: Der Ährige Ehrenpreis (*Veronica spicata*) hat ähnliche Standortansprüche und ein vergleichbares Erscheinungsbild. Er blüht von Juni bis September in Blau.

Thalictrum aquilegifolium

Akeleiblättrige Wiesenraute

AUSSEHEN: Die Rhizome bildende Wildstaude wächst aufrecht und hat gefiederte, bis 30 cm lange Blätter. Von Mai bis Juni erscheinen lockere, sich zur Spitze hin verjüngende, doldenartige Rispen mit zahlreichen grünweißen Kelchblättern, die aber bald abfallen und purpurrosafarbene bis weiße Staubblätter freigeben. Die Pflanze hat eine Wuchshöhe von etwa 100 cm und wird halb so breit.

STANDORT: Sonnig bis halbschattig in feuchtem, humosem, mäßig nährstoffreichem Boden.

PFLEGE: Eine Stütze ist erforderlich. An trockenen Standorten anfällig für Echten Mehltau. Schnecken können zum Problem werden.

VERMEHRUNG: Durch Aussaat nach der Samenreife oder durch Teilen im Frühjahr.

KOMBINATION: Geeignet für Wildstaudenrabatten. Gut kombinierbar mit Astilben (*Astilbe*), Goldkolben (*Ligularia*), Mädesüß (*Filipendula*), Wald-Glockenblume (*Campanula latifolia*) und, an halbschattigen Standorten, mit Farnen. Pro m² benötigt man 4 Pflanzen.

ALTERNATIVE: Die Himalaja-Wiesenraute (*Thalictrum delavayi*) aus Asien ist in Wuchsform und Blütenstand sehr ähnlich, blüht aber von Juli bis September.

WEGBEREITER DER DUTCH WAVE-BEWEGUNG

Ähnlich wie der New German Style geht die Dutch Wave-Bewegung im Grunde ebenfalls auf Karl Foerster zurück. Dessen Wirken hatte großen Einfluss auf Mien Ruys (1904–1999), eine der bedeutendsten niederländischen Landschaftsgärtnerinnen. Diese wiederum war für Piet Oudolf (geb. 1944), einen heute viel beachteten Landschaftsarchitekten und Pflanzenzüchter, eine wichtige Inspirationsquelle. Zusammen mit dem Gartengestalter und Eigentümer einer Handlung für Wildblumensamen, Rob Leopold (1942–2005), dem Maler und Gartendesigner Ton ter Linden (geb. 1935) sowie dem Gartenplaner und Autor Henk Gerritsen (1948–2008) bildete Oudolf die Keimzelle der Dutch Wave-Bewegung, deren Anfänge bis in die frühen 1980er-Jahre zurückreichen.

Kurz vor der Jahrtausendwende erschien dann ein Buch, das einem breiten Publikum vor Augen führte, welches Gestaltungspotenzial Stauden haben, wenn man sich nicht allein auf die Farbwirkung ihrer Blüten beschränkt. „Neues Gartendesign mit Stauden und Gräsern“ von Piet Oudolf und Noel Kingsbury zeigte, dass auch Strukturen, Konturen und Texturen von Pflanzen sowie deren Entstehen und Vergehen interessante Aspekte einer Gartengestaltung sein können. Anfangs wurde Piet Oudolf vor allem als Vertreter der Dutch Wave-Bewegung gesehen. In den letzten Jahren entwickelte er sein Konzept der Staudenverwendung zu einem individuellen und charakteristischen Stil weiter, den man inzwischen als „Neuen Naturalismus“ bezeichnet.

NEW AMERICAN GARDEN

Auch in den USA entwickelten Pioniere der modernen Gartengestaltung innovative Konzepte, um öffentliche und private Gärten pflegeleicht, aber dennoch attraktiv zu gestalten Der Gartenplaner James van Sweden (1935–2013) war maßgeblich von Mien Ruys beeinflusst. Und der in Chemnitz geborene, im Jahr 1957 in die USA ausgewanderte Wolfgang Oehme (1930–2011) war ein begeisterter Anhänger des Wirkens von Karl Foerster. Oehme und van Sweden waren in den 1980er-Jahren in den USA die Pioniere bei der Verwendung von Wildstauden für großflächige Pflanzungen, wie sie etwa für Stadtparks, Firmengelände und das Begleitgrün von Verkehrsflächen praktikabel und nützlich sind. Oehme entwarf bereits ab Mitte der 1960er-Jahre Gärten, die nur mit Stauden und hohen Gräsern bepflanzt waren und keine Rasenflächen hatten. Das war damals absolut revolutionär. Charakteristisch für den New American Garden genannten Stil ist die Verwendung von großen Pflanzenblöcken jeweils einer Art im Stil einer Patchwork-Decke. Das Büro Oehme Van Sweden Landscape Architects befindet sich in Washington D.C.

In Deutschland vertritt vor allem die Landschaftsarchitektin Petra Pelz den amerikanischen Ansatz der modernen Staudenverwendung mit den typischen Blockbepflanzungen, also zahlreiche

Präriepflanzung von Piet Oudolf in Wisley, England im Spätsommer.

WAS SIND WILDSTAUDEN?

In der Natur begegnen wir auf Schritt und Tritt Wildstauden, auch wenn wir sie meist nicht als solche erkennen. Dazu zählen Arten wie Brennnessel (*Urtica dioica*), Sauerampfer (*Rumex acetosa*) und Breit-Wegerich (*Plantago major*). Einige Wildstauden wie Küchenschelle (*Pulsatilla vulgaris*), Blauer Eisenhut (*Aconitum napellus*) oder Akelei (*Aquilegia vulgaris*) fanden entweder in ihrer ursprünglichen Form oder züchterisch leicht verändert als Zierpflanzen ihren Weg in unsere Gärten.

Stauden einer Art in großen Gruppierungen. Petra Pelz arbeitete viele Jahre mit Wolfgang Oehme freundschaftlich zusammen. Er beriet sie bei der Erstellung von Pflanzplänen, die sie dann bei ihren Projekten, zunächst in Deutschland und später international, erfolgreich in die Praxis umsetzte.

NORDAMERIKANISCHE WILDSTAUDEN

Wenn wir an die nordamerikanische Prärie denken, dann stellen wir uns vor allem Grassteppen mit Bisonherden vor. Die schier endlosen Ebenen blühen aber auch aufregend bunt! Viele nordamerikanische Wildstauden haben in den letzten Jahren den Weg in unsere Gärten gefunden.

Agastache foeniculum

Anis-Duftnessel

AUSSEHEN: Eine aufrechte, stark belaubte, Gruppen bildende Staude mit ovalen, bis 8 cm langen Blättern, die nach Anis duften. Zwischen Juli und Oktober erscheinen an der Stängelspitze bis 8 cm lange, dichte Ähren mit lilablauen Blüten. Die Wildstaude wird bis 90 cm hoch.

STANDORT: Vollsonnig in fruchtbarem, durchlässigem, nicht zu feuchtem Boden.

PFLEGE: In rauen Lagen sollten Sie der Pflanze Winterschutz geben.

VERMEHRUNG: Durch Teilen im Frühjahr oder halb verholzte Stecklinge im Frühsommer.

KOMBINATION: Kombinieren Sie Duftnesseln stets mit Stauden, die eine andere Blütenform und -farbe aufweisen. Gute Partner sind Roter Scheinsonnenhut (*Echinacea purpurea*), Indianernesseln (*Monarda*), Prachtkerze (*Gaura lindheimeri*) oder Ziergräser. Pro m² benötigt man 5–7 Pflanzen.

ALTERNATIVE: Inzwischen gibt es viele Duftnessel-Züchtungen mit längeren und farblich ausdrucksvolleren Blütenähren, die sich als Alternative anbieten, so etwa die *Agastache × rugosa*-Sorten 'Black Adder' und 'Blue Fortune'. Eine ähnliche optische Wirkung im Beet erzielen Sie mit Knollen-Brandkraut (*Phlomis tuberosa*).

Monarda fistulosa

Späte Indianernessel

AUSSEHEN: Eine buschige, Horste bildende Staude mit verzweigten, vierkantigen, behaarten Stängeln und eiförmigen Blättern, die beim Zerreiben nach Bergamotte duften. Von August bis Ende September erscheinen Blütenquirle, die teilweise in zwei oder drei Etagen übereinander angeordnet sind. Die in Wirteln stehenden, röhrigen, salbeiähnlichen Blüten sind blassrosa oder fliederpurpurn. Die Pflanze wird bis 120 cm hoch und 45 cm breit.

STANDORT: Sonnig bis halbschattig in nährstoffreichem, humosem Boden.

PFLEGE: Schützen Sie die Wurzeln der Pflanze im Winter vor übermäßiger Nässe.

VERMEHRUNG: Durch Aussaat im Frühjahr oder durch Teilung im Frühjahr oder Herbst.

KOMBINATION: Gute Partner sind Stauden, die in kühlen Violetttönen blühen, sowie graulaubige Stauden, wie etwa Woll-Ziest (*Stachys byzantina*). Pro m² benötigt man 4–6 Pflanzen.

ALTERNATIVE: Es gibt inzwischen zahlreiche *Monarda*-Hybriden mit kräftiger gefärbten Blüten. Eine vergleichbare Wirkung im Beet bei gleichen Standortansprüchen haben die ab Juni blühende Samt-Skabiose (*Scabiosa atropurpurea*) und die Große Skabiose (*S. caucasica*) sowie Garten-Chrysanthemen (*Chrysanthemum × grandiflorum*). Letztere blühen, je nach Sorte, jedoch später im Jahr.

Penstemon hirsutus

Haariger Bartfaden

AUSSEHEN: Eine kleine, breitwüchsige, immergrüne, an der Basis verholzende Staude mit gezähnten, lanzettförmigen, bis 10 cm langen Blättern. An behaarten, violett getönten, 40–80 cm hohen Rispen erscheinen von Juni bis September blassviolette, fingerhutähnliche, bis 2,5 cm große Blüten.

STANDORT: Vollsonnig in nährstoffreichem, humosem, mäßig feuchtem, gut durchlässigem Boden.

PFLEGE: Wenn Sie regelmäßig verblühte Rispen ausschneiden, regt dies eine Nachblüte an.

VERMEHRUNG: Durch Aussaat im Frühjahr oder aber durch halbverholzte Stecklinge im Frühsommer.

KOMBINATION: Besonders schön sieht Bartfaden zusammen mit zarten Gräsern aus, etwa mit Mexikanischem Federgras (*Nassella tenuissima*), Wimper-Perlgras (*Melica ciliata*) oder Federgräsern (*Stipa*-Arten). Pro m² benötigt man 6 Pflanzen.

ALTERNATIVE: Ähnlich wirken hohe Glockenblumen, etwa Riesen-Dolden-Glockenblume (*Campanula lactiflora*) und Wald-Glockenblume (*C. latifolia* var. *macrantha*), die mehr Schatten und feuchtere Böden vertragen.

GESTALTEN WIE EIN PROFI

Bei der Planung eines „funktionierenden“ Staudenbeetes spielen viele Aspekte eine Rolle: Wuchsform, Blütezeit und Blütenfarbe der Gewächse sowie ihre Ansprüche an Boden, Feuchtigkeit und Lichtverhältnisse. Schön und pflegeleicht soll so eine Pflanzung außerdem sein. Doch keine Angst – das Ganze ist im Grunde leichter, als Sie denken! Auch Sie können wunderschöne, moderne und pflegeleichte Beete anlegen.

MODERNE BEETGESTALTUNG EINFACH VERWIRKLICHEN

MIT STAUDEN KANN MAN DAUERHAFT SCHÖNE BEETE GESTALTEN. DIE AUSWAHL AN ARTEN UND SORTEN DIESER PFLANZENGRUPPE IST RIESIG UND DIE KOMBINATIONSMÖGLICHKEITEN SIND NAHEZU UNERSCHÖPFLICH.

Ganz gleich, ob Sie ein bestehendes Staudenbeet renovieren oder eine ganz neue Pflanzung anlegen wollen – wichtig sind gründliche Vorüberlegungen. Eine vorausschauende Planung spart später viel Arbeit. Denn optimal für den jeweiligen Standort ausgewählte Pflanzenarten erleichtern später die Pflegearbeiten. Sie müssen sich in der Praxis übrigens nicht sklavisch an einen einmal ausgetüftelten Pflanzplan halten. Um ein ansprechendes Gesamtbild zu erzielen, können Sie eine nicht erhältliche oder für den vorgesehenen Standort ungeeignete Art durch eine im Aussehen ähnliche, aber besser geeignete Staude ersetzen. Bei den Pflanzenporträts in diesem Buch finden Sie Empfehlungen für solche alternative Arten. Aus Platzgründen können nicht alle dieser alternativen Pflanzenarten im Detail vorgestellt werden. Wenn möglich, wurden jedoch Arten gewählt, die in diesem Buch porträtiert sind. Wenn Sie mehr über die genannten Arten wissen möchten oder unsicher sind, welche Pflanzen sich für Ihren Garten eignen, dann nehmen Sie eine Staudenenzyklopädie in die Hand (siehe Literaturtipps im Serviceteil dieses Buches) oder fragen Sie in einer Staudengärtnerei nach. Dort weiß man Bescheid und kann Ihnen geeignete Alternativen und deren Standortansprüche nennen.

Scheinsonnenhut (*Echinacea*) und Leuchtender Sonnenhut (*Rudbeckia*) mit Duftnesseln (*Agastache*) im Hintergrund.

MIT DEN WÜNSCHEN VOR AUGEN

Lassen Sie die Lage, die Ausrichtung und die Form des zukünftigen Beetes und seine Umgebung auf sich wirken. Versuchen Sie, vor Ihrem inneren Auge das Beet so zu sehen, wie es später einmal aussehen soll. Man nennt diesen Vorgang auch Visualisieren. Wird das Beet hauptsächlich von einer Seite betrachtet, etwa weil es vor einer Mauer, einer Hecke oder einem Zaun liegt? Oder möchten Sie um die bepflanzte Fläche herumgehen können, um sie von allen Seiten zu betrachten? Mehr über die verschiedenen Beetformen finden Sie ab Seite 37.

DEN EIGENEN GARTEN KENNENLERNEN

Sehen Sie sich nun die Fläche genauer an, auf der Sie ein neues Beet gestalten möchten. Scheint die Sonne täglich mehr als acht Stunden auf die Fläche, handelt es sich um einen sonnigen Standort. Scheint die Sonne nur halb so lange auf die Fläche oder liegt diese im lichten Schatten eines Baumes, ist der Bereich halbschattig. Bereiche, die im vollen Schatten liegen, eignen sich weniger gut für Staudenbeete. Aber selbst für diesen Standort gibt es noch zahlreiche geeignete Pflanzenarten, darunter viele schöne Blattschmuckstauden (siehe Seite 104).

LEIT-, BEGLEIT- UND FÜLLSTAUDEN

Die größten und auffälligsten Stauden geben in einer Beetkomposition den Ton an. Man nennt sie daher Leit- oder Prachtstauden. Verwenden Sie diese Pflanzenstars immer eher sparsam! Ihnen zur Seite stehen die weniger prächtigen, halbhohen Begleitstauden. Sie unterstreichen die Wirkung der Leitstauden. Den sogenannten Füllstauden kommt die Aufgabe zu, Lücken zu füllen und fließende Übergänge zu schaffen.

Türkischer Mohn 'Patty's Plum' in Kombination mit Nachtviolen (*Hesperis matronalis*).

Prüfen Sie auch die Bodenbeschaffenheit. Für die Auswahl der geeigneten Arten ist es wichtig, ob der Boden eher trocken und gut durchlässig oder feucht ist, ob er lehmig oder sandig ist, reich an Nährstoffen oder eher mager. Auch der Säuregehalt des Bodens (pH-Wert) spielt eine Rolle. Die Bestimmung der Standortbedingungen ist eine wichtige Grundlage für die spätere Pflanzenauswahl und das dauerhafte Gelingen der Beetkomposition. Mehr dazu finden Sie ab Seite 61.

DIE EIGENTLICHE PLANUNG BEGINNT

Staudenbeete können ganz verschiedene Formen haben. Klassisch sind wegbegleitende Rabatten, also lange, schmale oder breite Beete, die einen Weg säumen. Auch im Vordergrund von Mauern, Zäunen oder Hecken werden meist längliche Beete angelegt, die dann nur von einer Seite her betrachtet werden. Breite Beete in Hanglagen, etwa als Verbindung zwischen Terrasse und dem übrigen Garten, sind ebenso gut für Staudenpflanzungen geeignet wie Inselbeete in Rasenflächen oder organisch geschwungene Rabatten, die dem Garten ein natürliches Aussehen verleihen. Halbinselbeete, die sich wie eine Landzunge vor einer Mauer oder Hecke wölben, sind oft platzsparender als echte Inselbeete. Planen Sie vor allem Inselbeete nicht zu klein, damit sie nicht wie ein Grabhügel auf dem Hauptfriedhof wirken.

Nachdem Sie die wichtigsten Grundlagen zur Gestaltung eines Beetes – Lage und Form des Beetes sowie die gegebenen Standortfaktoren – erfasst haben, können Sie einen Pflanzplan erstellen. Am besten gelingt das aus der Vogelperspektive, also in der Draufsicht von oben. Machen Sie eine maßstabsgerechte, aber nicht zu kleine Skizze mit dem Umriss des Beetes auf Millimeterpapier. Darin können Sie die einzelnen Pflanzen als Kreise oder Ellipsen einzeichnen. Breite Pflanzen bekommen einen großen Kreis, kleinere einen entsprechend kleineren. Bodendecker zeichnen sie als Fläche ein. Sie können die Blütenfarben mit Buntstiften andeuten. So haben Sie direkt vor Augen, wie das Staudenbeet später aussehen könnte.

Ein wesentlicher Gestaltungsaspekt ist die Wuchshöhe der verschiedenen Pflanzen. Damit keine Langeweile aufkommt und das Beet nicht platt wie ein Bügelbrett wirkt, kombiniert man möglichst Pflanzen verschiedener Wuchshöhen miteinander. Ordnen Sie die Stauden nach Wuchshöhe gestaffelt an, damit alle gut zur Geltung kommen: Platzieren Sie hohe Stauden nach hinten, halbhohe weiter vorn und niedrig oder teppichartig wachsende Stauden an den Beetrand. So kann der Blick über das Beet wandern, ohne dass einzelne Stauden von davor stehenden verdeckt werden. Um den Effekt einer optischen „Rutschbahn“ zu vermeiden, setzen Sie zwischen niedrigere Stauden einzelne grazile Gräser oder filigrane, duftige Blütenstauden als Blickfänge und Weichzeichner. Sie wirken wie ein „Stopper“ für das Auge, verschleiern den Blick auf dahinterliegende Pflanzen, ohne sie ganz zu verdecken, und fordern den Betrachter auf, genauer hinzuschauen.

WIE BREIT SOLLTE EIN BEET SEIN?

Die Beetbreite sollte so bemessen sein, dass man alle Pflanzen für Pflegemaßnahmen gut erreichen kann. Gelangt man nur von einer Seite an das Beet heran, sollte die Breite nicht mehr als 1,5 m betragen. Bei Rabatten, die von beiden Breitseiten erreicht werden können – etwa durch einen Pflegeweg zwischen Mauer und Rabatte – ist die doppelte Breite, also 3 m, empfehlenswert.

LEITSTAUDEN

Die wahrhaft Prächtigsten unter den Stauden haben eine umwerfende Fernwirkung und überzeugen auch beim näheren Hinsehen mit ihren schönen Blüten. Sie sind die Stars im Beet und einfach unverzichtbar, wenn man mit Staudenbeeten Eindruck machen möchte.

Delphinium × cultorum

Garten-Rittersporn

AUSSEHEN: Horste bildende Stauden mit gelappten, bis 20 cm langen Grundblättern. Im Juni/Juli erscheinen an aufrechten Trieben traubige oder rispige Blütenstände. Die kelchförmigen, gespornten Einzelblüten haben oft ein kontrastreich gefärbtes Auge. Das Farbspektrum reicht von Weiß über verschiedene Blautöne bis hin zu Violett. Es gibt auch rosafarbene und gelbe Sorten und solche mit halb oder ganz gefüllten Blüten. Die Sorten werden 120–150 cm, manche bis zu 200 cm hoch.

STANDORT: Sonnig in lehmig-humosem, nährstoffreichem, feuchtem, gut durchlässigem Boden.

PFLEGE: Schützen Sie den Austrieb vor Schneckenfraß. Hohe Sorten brauchen eine Stütze. Schneiden Sie die Pflanzen nach der Blüte beherzt bis auf den Boden zurück, dann entwickeln sie im September/Oktober einen zweiten Flor.

VERMEHRUNG: Vermehren Sie den Garten-Rittersporn durch Teilung im Frühjahr oder Herbst.

KOMBINATION: Rittersporn passt gut zu Rosen. Er verträgt jedoch die Konkurrenz anderer Stauden schlecht. Lassen Sie ihm daher ausreichend Platz im Beet! Pro m² benötigt man 3 Pflanzen.

ALTERNATIVE: Das intensive Blau und den aufrechten Habitus der Staude findet man auch bei einigen Eisenhut-Arten, etwa bei *Aconitum carmichaelii* 'Arendsii' , *A. henryi* 'Spark' und *A. napellus*, die alle im Hochsommer und Frühherbst blühen.

Iris Barbata-Elatior-Hybriden

Hohe Bart-Iris

AUSSEHEN: Die langlebige Staude hat hellgraugrüne, schwertförmige, bis 40 cm lange, fächerartig aus dem fleischigen Rhizom sprießende Blätter. Von April bis Juni öffnen sich an aufrechten, blattlosen, 60–100 cm hohen Schäften nacheinander bis zu vier 6–10 cm große Blüten mit sechs Blütenblättern, von denen drei nach oben und drei nach unten weisen. Der pelzartige, zungenförmige Flaum auf den Hängeblättern gab der Bart-Iris ihren Namen. Es gibt Sorten in nahezu allen Farben, außer reinem Rot.

STANDORT: Vollsonnig in gut durchlässigem, mäßig nährstoffreichem, kalkhaltigem Boden.

PFLEGE: Stützen Sie hohe Sorten während der Blütezeit.

VERMEHRUNG: Durch Teilung der Rhizome nach der Blütezeit. Die neu gepflanzten Rhizome dürfen höchstens 0,5 cm mit Erde bedeckt sein.

KOMBINATION: Pflanzen Sie Bart-Iris möglichst in Gruppen und kombinieren Sie die edlen Gewächse mit Pfingstrosen (*Paeonia*), Roter Spornblume (*Centranthus ruber*) und Storchschnabel-Arten (*Geranium*). Pro m^2 benötigt man 6–12 Pflanzen.

ALTERNATIVE: Die Wiesen-Schwertlilie (*Iris sibirica*) eignet sich für feuchtere Böden. Ihre zierlichen, königsblauen Blüten erscheinen im Mai und Juni zahlreich über einem grasartigen Blätterhorst.

Phlox amplifolia

Breitblatt-Phlox

AUSSEHEN: Eine Horste bildende Staude mit straff aufrechten Trieben und lanzettlichen, bis 12 cm langen Blättern. Ab Juli bis September erscheinen in dichten, halbkugeligen Rispen zahlreiche bis 2,5 cm breite Einzelblüten. Nach der Hauptblüte beginnt die Pflanze aus den Seitentrieben weiterzublühen. Das Farbspektrum reicht von Weiß über Rosa, Rot und Rotviolett bis zu fast blauem Violett. Die Pflanze wird, je nach Sorte, 70–120 cm hoch und etwa 60–100 cm breit.

STANDORT: Sonnig in nährstoffreichem, mäßig feuchtem, humosem Boden.

PFLEGE: Schneiden Sie die verblühten Triebe im Spätsommer nicht zu früh zurück, damit die Seitentriebe noch Blüten entwickeln.

VERMEHRUNG: Durch Teilung im Frühjahr oder Herbst.

KOMBINATION: Gute Partner sind Taglilien (*Hemerocallis*), hohe Glockenblumen (z. B. *Campanula latifolia* und *C. lactiflora*) sowie Buschmalven (*Lavatera*). Pro m^2 benötigt man 2–3 Pflanzen.

ALTERNATIVE: Etwas früher blühen die im Aussehen sehr ähnlichen Arten Wiesen-Phlox (*Phlox maculata*) und Stauden-Phlox (*P. paniculata*). Beide sind allerdings anfälliger für Mehltau und Schädlinge wie Nematoden. Breitblatt-Phlox verträgt zudem besser Trockenheit und die Konkurrenz anderer Stauden und Gehölze.

BEGLEITSTAUDEN

Was wäre eine Königin ohne ihren Hofstaat? So verhält es sich auch mit den Stauden: Erst die untergeordneten Begleiter bringen die Schönheit der Prachtstauden richtig zur Geltung! Einige der hier genannten Arten sind zwar kurzlebig, säen sich aber an geeigneten Standorten bereitwillig aus.

Centranthus ruber

Rote Spornblume

AUSSEHEN: Eine kurzlebige, Büschel bildende, verzweigte Staude mit lanzett- bis eiförmigen, bis 8 cm langen, graugrün bereiften Blättern. Von Juni bis September erscheinen dichte, abgeflachte Blütenrispen mit kleinen, trichterförmigen, dunkelrosafarbenen, gespornten Blüten. Die Pflanze wird etwa 75 cm hoch und breit.

STANDORT: Vollsonnig in mäßig fruchtbarem, kalkhaltigem, eher trockenem Boden.

PFLEGE: Entfernen Sie regelmäßig welke Blütenrispen, um eine Nachblüte anzuregen und eine Selbstaussaat zu verhindern. Ein Rückschnitt während des Sommers um etwa ein Drittel sorgt dafür, dass die Pflanzen kompakt bleiben.

VERMEHRUNG: Durch Aussaat oder vorsichtiges Teilen vorjähriger Pflanzen im Frühjahr.

KOMBINATION: Spornblumen wachsen auch an Trockenmauern und steinigen Böschungen. Sie passen gut zu hohen Bart-Iris (*Iris* Barbata-Elatior-Hybriden), Berg-Flockenblume (*Centaurea montana*) und Rosen. Pro m² benötigt man 5–7 Pflanzen.

ALTERNATIVE: An feuchteren Standorten erzielen Sie mit rot blühenden Sorten von Sterndolde (z. B. *Astrantia major* 'Ruby Cloud') einen ähnlichen Eindruck.

Tanacetum parthenium

Mutterkraut

AUSSEHEN: Eine immergrüne, kurzlebige Staude mit gefiedertem, hellgrünem Laub und bis 2,5 cm großen, margeritenähnlichen, weißen Blüten mit gelber Mitte, die von Juni bis Oktober erscheinen. Die Blüten stehen in großer Zahl in lockeren Doldenrispen zusammen. Die Pflanze wird 30–90 cm hoch und etwa 30 cm breit.

STANDORT: Sonnig in nährstoffreichem, humosem, durchlässigem Boden.

PFLEGE: Schneiden Sie die Pflanze unmittelbar nach dem Hauptflor bis auf den Blattschopf zurück. So wird eine Nachblüte angeregt und die Selbstaussaat verhindert.

VERMEHRUNG: Durch Aussaat im Frühjahr.

KOMBINATION: Eine Pflanze, die zu den meisten Stauden hervorragend passt. Besonders schön wirkt sie mit Rittersporn (*Delphinium*), Fingerhut (*Digitalis*), Taglilien (*Hemerocallis*) und als Rosenbegleiterin. Pro m² benötigt man 6–9 Pflanzen.

ALTERNATIVE: An halbschattigen bis schattigen Standorten hat weiß blühender Wald-Storchschnabel (*Geranium sylvaticum* 'Album') eine ähnliche Wirkung. Die Pflanze wird bis 50 cm hoch.

Astrantia major

Sterndolde

AUSSEHEN: Eine Gruppen bildende Staude mit tief gelappten, gezähnten, 8–15 cm langen Blättern, die einen grundständigen Horst entwickelt. Im Juni/Juli zeigen sich 80–100 cm hohe, straff aufrechte Stängel, die sich in der oberen Hälfte zu einem lockeren Blütenstand verzweigen. Bis August erscheinen zahlreiche kleine, je nach Sorte blassgrüne, rosa oder tief purpurne Blüten, die in 2–3 cm breiten Dolden zusammenstehen und von auffälligen Hochblättern umgeben sind. Die Pflanze, die nach der Blüte einzieht, wird bis 45 cm breit.

STANDORT: Sonnig bis halbschattig in nährstoffreichem, humosem, nicht zu trockenem Boden.

PFLEGE: Wässern Sie die Pflanze bei anhaltender Trockenheit. Staunässe im Winter verträgt sie jedoch nicht.

VERMEHRUNG: Durch Aussaat nach der Samenreife. Zuchtsorten können Sie im Frühjahr teilen.

KOMBINATION: Die vielseitige Staude passt gut zu Eisenhut (*Aconitum*), Funkien (*Hosta*), mittelgroßen Farnen, z. B. Tüpfelfarn (*Polypodium*) oder Schildfarn (*Polystichum*), sowie zu rotlaubigen Sorten des Purpurglöckchens (*Heuchera*-Hybriden). Auch zu Rosen passt die Sterndolde sehr gut. Pro m² benötigt man 5–7 Pflanzen.

ALTERNATIVE: An trockenen, sonnigen Standorten erzielen Sie mit Roter Spornblume (*Centranthus ruber*) oder Dost (*Origanum laevigatum*) eine ähnliche Wirkung.

FÜLLSTAUDEN

Bei Füllstauden ist es nicht die prächtige Blüte, die im Vordergrund steht. Diese Pflanzen sorgen vielmehr dafür, dass fließende Übergänge geschaffen werden und die Pflanzung ein geschlossenes Gesamtbild ergibt.

Cerastium tomentosum

Filziges Hornkraut

AUSSEHEN: Eine immergrüne, Polster bildende Staude mit feinen, weichen, aufliegenden Trieben und filzigen bis silbrigen, nur 1 cm langen Blättern. Im Mai erscheinen weiße, 1 cm große Blüten, die an ungefüllte Nelken erinnern. Die Pflanze wird 10 cm hoch und breitet sich unbegrenzt aus.

STANDORT: Vollsonnig in gut durchlässigem, mäßig nährstoffreichem Boden.

PFLEGE: Schneiden Sie die Pflanzen nach der Blütezeit beherzt in Form, damit sie nicht von innen heraus verkahlen.

VERMEHRUNG: Beim Rückschnitt fallen viele Kopfstecklinge an, die Sie zum Bewurzeln einfach in die Erde stecken.

KOMBINATION: Kombinieren Sie Filziges Hornkraut mit anderen Polsterstauden an Beeträndern und auf Trockenmauern. Pro m² benötigt man 10 Pflanzen.

ALTERNATIVE: Optisch ähnlich ist der Kurilen-Beifuß (*Artemisia schmidtiana* 'Nana'), der ebenfalls einen silbernen Teppich bildet, aber nicht so stark wuchert.

Geranium sanguineum

Blutroter Storchschnabel

AUSSEHEN: Eine Gruppen bildende, sich mit einem kriechenden Rhizom ausbreitende Staude mit verzweigten Trieben und bis 10 cm langen, dunkelgrünen, tief gelappten Blättern. Von Mai bis September erscheinen in Schüben bis 4 cm breite, magentarote Schalenblüten mit dunklen Saftmalen und dunkler Äderung. Die Pflanze wird bis 30 cm hoch und breit. Einige Sorten sind jedoch schwachwüchsiger.

STANDORT: Sonnig in mäßig nährstoffreichem, eher trockenem Boden.

PFLEGE: Schneiden Sie im Herbst das welke Laub zurück.

VERMEHRUNG: Durch Aussaat oder Teilen im Frühjahr oder durch Stecklinge im Sommer. Zuchtsorten können Sie nur vegetativ (durch Teilen oder Stecklinge) vermehren.

KOMBINATION: Die Staude passt gut in den Vordergrund von Beeten, ist ein charmanter Rosenbegleiter und lässt sich gut mit Filzigem Hornkraut (*Cerastium tomentosum*), Wolfsmilch-Arten (*Euphorbia*), Katzenminze (*Nepeta*) und Ziergräsern kombinieren. Pro m² benötigen Sie 7 Pflanzen, von schwächer wachsenden Sorten 16 Pflanzen.

ALTERNATIVE: Für halbschattige bis schattige Standorte stehen andere Storchschnabel-Arten zur Verfügung, z. B. Felsen-Storchschnabel (*Geranium macrorrhizum*), Amerikanischer Storchschnabel (*G. maculatum*), Wald-Storchschnabel (*G. sylvaticum*) und Sibirischer Storchschnabel (*G. wlassovianum*).

Nepeta × faassenii

Blaue Katzenminze

AUSSEHEN: Eine Gruppen bildende Staude mit verzweigten Trieben und graugrünen, runzeligen, bis 3 cm langen, eiförmigen Blättern, die bei Berührung einen würzigen Duft verströmen. Im Juni/Juli erscheinen in den oberen Blattachseln kleine, hellviolette Blüten. Die Pflanze wird bis 60 cm hoch und bis 45 cm breit.

STANDORT: Vollsonnig in durchlässigem, eher trockenem Boden.

PFLEGE: Schneiden Sie die Pflanze nach dem Hauptflor bodeneben zurück, damit sie neu austreibt und einen zweiten Flor hervorbringt.

VERMEHRUNG: Durch Teilung im Frühjahr oder Herbst oder durch Stecklinge im Frühsommer.

KOMBINATION: Eine klassische Einfassungspflanze für Stauden- und Rosenbeete. Sie passt auch gut zu hoher Fetthenne (*Sedum*-Hybriden, z. B. 'Karfunkelstein'), Rotem Scheinsonnenhut (*Echinacea purpurea*), Steppen-Wolfsmilch (*Euphorbia seguieriana* subsp. *niciciana*) und Ziergräsern. Pro m² benötigt man 11 Pflanzen.

ALTERNATIVE: Eine ähnlich duftige Wirkung haben Kleinblütige Bergminze, auch Steinquendel genannt (*Clinopodium nepeta*, früher: *Calamintha nepeta*), die auffallend lange blüht, und Lavendel (z. B. *Lavandula angustifolia* 'Munstead').

REIZVOLLE ARTEN DER BEETGESTALTUNG

Damit ein Staudenbeet harmonisch, abwechslungsreich und anziehend wirkt, kommt es auf die richtige Verteilung der Pflanzen an. Sie können die einzelnen Pflanzen wie Pralinen in einer Schachtel platzieren, was zwar jede einzelne Art gut zur Geltung bringt, aber auch ein wenig langweilig und bieder wirken würde. Ein reizvollerer Effekt ergibt sich erst durch das Mischen verschiedener Arten, die rhythmische Wiederholung bestimmter Kombinationen oder das Pflanzen in Tuffs und Driften.

GEMISCHT ODER IN GRUPPEN

Sie können bei der Bepflanzung die einzelnen Exemplare der jeweiligen Arten breit gestreut, also im ganzen Beet verteilt, und (natürlich unter Berücksichtigung des Aspekts der Höhenstaffelung) bunt gemischt setzen. Diese informelle Mischpflanzung verleiht der Pflanzung ein lebendiges, fast impressionistisches Aussehen. Empfehlenswert ist diese Anordnung gerade bei naturnah gestalteten Beetkompositionen, wie es etwa im New German Style oder beim Konzept des Präriegartens vorgesehen ist. Dann liegt der Aspekt nämlich nicht auf der Wirkung der einzelnen Pflanze, sondern auf der Gesamtwirkung der Pflanzengesellschaft. Dabei ist es vorteilhaft, wenn man bereits etwas Erfahrung mit dem Wuchsverhalten der jeweiligen Staudenarten hat. Stark wachsende Arten besitzen die manchmal wenig geschätzte Eigenschaft, andere, schwächer wachsende Arten zu verdrängen. In diesem Fall lohnt es sich, von weniger ausbreitungsfreudigen Arten auch mal größere Tuffs zu pflanzen. So kann sich die Art besser in einem bunt verwobenen Beet behaupten als ein noch so tapferer Einzelkämpfer. Wenn Sie noch keine Kenntnisse über das Wuchsverhalten der Arten haben, müssen Sie notgedrungen mit der Methode „Versuch und Irrtum" arbeiten und mit einem gewissen Durchhaltevermögen eigene Erfahrungen sammeln. Aber das kann auch spannend sein!

Reizvoll ist aber auch die inselförmige Gruppierung einzelner Arten, also wenn man immer gleich mehrere Exemplare einer Art in Tuffs, länglichen Driften oder breiten Teppichen „sortenrein" zusammenpflanzt. Die Pflanzengruppen kontrastieren dann deutlich mit ihren Nachbarpflanzen, die entweder auch gruppenweise gesetzt werden können oder – siehe oben – als bunte Mischung sozusagen ein harmonisches „Hintergrundrauschen" ergeben. Das bedeutet zwar eine geringere Artenvielfalt innerhalb einer Pflanzung, erzielt aber eine umso stärkere Wirkung. Durch eine rhythmische oder wie zufällig wirkende Wiederholung von Gruppen mit derselben Pflanzenart entstehen eindrückliche und reizvolle Gartenbilder mit einer gewissen inneren Harmonie. Damit die Wirkung tatsächlich überzeugend ist, müssen das Beet oder die Rabatte jedoch eine entsprechende Größe aufweisen. Mehr zu diesen Aspekten der Beetgestaltung finden Sie auf Seite 53.

GANZJÄHRIG SCHÖNE BEETE MIT STAUDEN

Denken Sie auch an jahreszeitliche Veränderungen im Beet. Viele Stauden haben nicht nur schöne Blüten, sondern bieten zudem andere attraktive Aspekte wie Knospen, Früchte und Samenstände. Insbesondere die neuen Strömungen der Gartengestaltung wie New German Style, Dutch Wave und New American Garden, aber auch viele interessierte und neugierige Hobbygärtner legen viel Wert darauf, dass Stauden auch außerhalb der Blütezeit einen Aspekt zur Beetgestaltung beitragen. Die verblühten Köpfchen von Stauden wie Scheinsonnenhut (*Echinacea*-Arten) und anderen Korbblütlern, die verholzenden Fruchtstände von Russels Brandkraut (*Phlomis russeliana*), Schafgarben (*Achillea*-Arten) oder hoher Fetthenne (z. B. *Sedum telephium*) sowie die strohgelben Kugeln von verblühten Zierlauch-Arten (*Allium*) sind kleine, von Mutter Natur geschaffene Kunstwerke, die einen zweiten Blick lohnen.

Präriepflanzung von Piet Oudolf in Scampston Hall, North Yorkshire, England.

Werden Staudenbeete geschickt geplant und gestaltet, können sie ganzjährig attraktiv und abwechslungsreich sein.

STRUKTUREN BILDEN MIT GEHÖLZEN

Das große Reich der Stauden hält so viele verschiedene Arten und Sorten bereit, dass selbst ausschließlich mit Stauden bepflanzte Beete abwechslungsreich wirken. Vergessen Sie dabei nicht, dass auch mehrjährige Gräser und Farne zu den Stauden zählen. Die büscheligen Grashorste und die filigranen Farnwedel bringen interessante Strukturen ins Spiel. Und im Winter sorgen immergrüne und wintergrüne Stauden für markante Blickfänge im Beet.

Sie können Stauden aber auch mit ganz anderen Pflanzentypen kombinieren. So besteht beispielsweise ein „Mixed Border", also eine gemischte Rabatte nach englischer Tradition, vorrangig aus Stauden, die mit Einjährigen und Gehölzen durchmischt werden. Auch viele sogenannte Halbsträucher wie Lavendel, Heiligenkraut (*Santolina*), Salbei oder Blauraute (*Perovskia*) werden wie Stauden verwendet.

MARKANTE BLICKFÄNGE

Nicht nur Halbsträucher, sondern auch schwach wachsende und eher klein bleibende Gehölze lassen sich überzeugend in ein Staudenbeet integrieren. Sie können der Komposition mehr Struktur verleihen und entweder zur Blütezeit oder durch ihr attraktives Laub markante Blickfänge bilden. Mit säulenförmig wachsenden Arten und Sorten wie etwa schlanken Eiben-Sorten können Sie vertikale Akzente im Beet setzen. Immergrüne Gehölze wie Buchsbaum oder Lorbeerblättriger Schneeball (*Viburnum tinus*) sorgen dafür, dass die Beete auch im Winter nicht verwaist wirken. Insbesondere purpurlaubige Gehölze wie Blut-Berberitzen und roter Perückenstrauch sind während der Saison verantwortlich für gestalterisch wertvolle, starkfarbige Akzente. Letzterer kann durch das sogenannte Coppicing („auf den Stock setzen") klein gehalten werden. Dieses radikale Zurückschneiden auf den Stumpf von regenerationsfreudigen Gehölzen sollte etwa alle fünf Jahre im Spätwinter erfolgen, also im Februar oder März. Dadurch wachsen die Sträucher nicht in den Himmel, sondern verbuschen und bilden zahlreiche Triebe mit frischem, schmückendem Laub. Auch viele andere Gehölze wie Buchsbaum, Eibe oder Virginia-Blasenspiere (*Physocarpus*) sind in der Regel gut schnittverträglich und können bei Bedarf auf eine passende Höhe und Breite eingekürzt werden.

Gehölze wie etwa immergrüner Buchsbaum oder säulenförmige Koniferen geben Staudenbeeten auch im Winter eine interessante Struktur.

Empfehlenswerte klein bleibende Gehölze für Mixed Borders

Botanischer Name	Deutscher Name	Wuchshöhe in Metern	Blütezeit	Blütenfarbe	Laub
Berberis thunbergii 'Atropurpurea Nana'	Thunbergs Berberitze	0,6	Mai	gelb	dunkelbraunrot
Buxus sempervirens 'Globosa'	Gewöhnlicher Buchsbaum	1–1,5	April/Mai	unscheinbar, gelb	blaugrün, immergrün
Caryopteris × clandonensis 'Heavenly Blue'	Bartblume	0,7–1	August/ September	tiefblau	grün
Ceanothus × delilianus 'Gloire de Versailles'	Blaue Säckelblume	1,5	Juli–Oktober	hellblau	dunkelgrün, wintergrün
Cytisus scoparius 'Luna'	Besenginster	1–2	Mai/Juni	gelb	grün, fallen früh ab
Elaeagnus pungens 'Maculata'	Dornige Ölweide	1–2	September/ Oktober	silbrig weiß	glänzend grün mit gelbem Fleck, immergrün
Philadelphus-Hybride 'Belle Etoile'	Europäischer Pfeifenstrauch	1–1,5	Mai/Juni	weiß mit purpurnem Basalfleck, duftend	mattgrün
Potentilla fruticosa 'Abbotswood'	Fingerstrauch	1,2	Juni–Oktober	reinweiß	blaugrün
Spiraea nipponica 'Snowmound'	Japanischer Spierstrauch	1,5	Juni	weiß	dunkelgrün
Syringa microphylla 'Superba'	Kleinblättriger Flieder	1,5	Mai–Oktober	rosarot	sattgrün

Empfehlenswerte mittelhoch wachsende Gehölze für Mixed Borders

Botanischer Name	Deutscher Name	Wuchshöhe in Metern	Blütezeit	Blütenfarbe	Laub
Berberis × ottawensis 'Superba'	Große Blut-Berberitze	3–4	Mai	rötlich gelb	schwarzrot
Buddleja davidii 'Nanho Purple'	Sommerflieder	2–3	Juli–September	purpurrot	dunkelgrün
Cotinus coggygria 'Royal Purple'	Perückenstrauch	3–5	Juni/Juli	rosa-silbrig	intensiv rot
Hibiscus syriacus 'William R. Smith'	Rosen-Eibisch	bis 3 m	August/ September	reinweiß	mittelgrün
Physocarpus opulifolius 'Diabolo'	Virginia-Blasenspiere	3–4	Mai	blassrosa	metallisch dunkelrot
Pyrus salicifolia 'Pendula'	Weidenblättrige Birne	5–9	April	weiß	silbergrau, behaart
Spiraea × arguta	Braut-Spierstrauch	2	April/Mai	weiß	lebhaft grün
Taxus baccata 'Fastigiata Robusta'	Europäische Eibe	3–5	März/April	gelb	dunkelgrün
Viburnum tinus	Lorbeerblättriger Schneeball	2–3,5	November–März/April	rosaweiß	dunkelgrün, immergrün

AUSDAUERNDE ZIERGRÄSER

„Gräser sind das Haar der Mutter Erde“, pflegte der Staudenzüchter und Gartenphilosoph Karl Foerster zu sagen. Sie sind wertvolle Strukturbildner in der Beetkomposition und zugleich robust und vielseitig. Mit ihrer filigranen Leichtigkeit veredeln sie jede Pflanzung.

Calamagrostis × acutiflora 'Karl Foerster'

Gartensandrohr

AUSSEHEN: Ein Horste bildendes Gras mit flachen, mittelgrünen, bis 90 cm langen Blättern. Im Juli und August erscheinen an steifen, aufrechten Sprossen gelbbraune, bis 30 cm lange Ähren. Der Blatthorst wird 60 cm hoch, die Blütenstände bis 180 cm.

STANDORT: Sonnig bis halbschattig in feuchtem, humosem, mäßig fruchtbarem Boden.

PFLEGE: Schneiden Sie welkes Laub erst im zeitigen Frühjahr bodeneben ab.

VERMEHRUNG: Durch Teilung im Frühjahr.

KOMBINATION: Passt gut zu den meisten Sommer- und Präriestauden wie Indianernessel (*Monarda*), Sonnenhut (*Rudbeckia*), Sonnenbraut (*Helenium*) sowie zu ungefüllten Dahlien. Pro m² benötigt man 2–3 Pflanzen.

ALTERNATIVE: Die neue Sorte *Calamagrostis × acutiflora* 'Waldenbuch' wächst etwas kompakter.

Panicum virgatum

Echte Rutenhirse

AUSSEHEN: Ein Gras mit schilfartigen, überhängenden, grünen Blättern mit bläulichem Schimmer, die sich im Herbst rötlich färben. Ab Mitte August erscheinen locker hängende, bis 50 cm lange Rispen mit winzigen Ähren. Die eigentliche, 180 cm hohe Art wird eher selten gepflanzt, die vielen oft niedriger wachsenden Zuchtsorten (im Bild die Sorte 'Hänse Herms') dagegen gern.

STANDORT: Sonnig in durchlässigem Boden.

PFLEGE: Entfernen Sie abgestorbenes Laub im Frühjahr.

VERMEHRUNG: Die Art durch Aussaat und Teilung im Frühjahr, die Sorten nur durch Teilung.

KOMBINATION: Gut geeignet als Füllpflanze für gemischte Rabatten, aber auch als Blickfang zur Solitärpflanzung. Pro m² benötigt man 2–3 Pflanzen.

ALTERNATIVE: Anpassungsfähiger, etwa für feuchtere Böden, sind niedrig wachsende Sorten des Eulaliagrases (*Miscanthus sinensis*), wie die Sorte 'Graziella'.

Pennisetum alopecuroides var. *viridescens*

Japanisches Federborstengras, Lampenputzergras

AUSSEHEN: Ein Gras, das große Horste aus überhängenden, mittelgrünen, schmalen, bis 60 cm langen Blättern bildet. Im August und September erscheinen über dem Laub in etwa 20 cm langen, zylindrischen Rispen borstige, gelbgrüne bis dunkelpurpurrote Ähren. Im Herbst färbt sich das Laub der bis 100 cm hohen und breiten Staude rötlich.

STANDORT: Sonnig bis halbschattig in durchlässigem, mäßig feuchtem Boden.

PFLEGE: Lassen Sie das welke Laub als Winterschutz stehen und entfernen Sie es erst im zeitigen Frühjahr.

VERMEHRUNG: Durch Aussaat oder Teilen im Frühjahr.

KOMBINATION: Passt zu hohen Fetthenne-Arten, zu Sommer- und Herbstastern, Wolfsmilch (*Euphorbia*-Arten) sowie zu Präriestauden wie Indianernessel (*Monarda*), Scheinsonnenhut (*Echinacea*) und Duftnesseln (*Agastache*). Pro m² benötigt man 1–2 Pflanzen.

ALTERNATIVE: Es gibt auch kleinwüchsigere Arten und Zuchtsorten von *Pennisetum*. An trockenen, sonnigen Standorten erzielen Sie mit Wimper-Perlgras (*Melica ciliata*) eine ähnliche Wirkung.

Nassella tenuissima

Mexikanisches Federgras, Dünnblättriges Federgras

AUSSEHEN: Ein auch unter dem alten Namen *Stipa tenuissima* bekanntes, 40–60 cm hohes Gras mit dichten, aufrechten Horsten aus sehr dünnen, eingerollten, hellgrünen, überhängenden Blättern.

STANDORT: Vollsonnig in durchlässigem, trockenem, nährstoffarmem Boden.

PFLEGE: Winterliche Nässe wird schlecht vertragen. Kämmen Sie das welke Laub im Frühjahr vorsichtig aus.

VERMEHRUNG: Durch Teilen im Frühjahr oder Aussaat nach der Samenreife.

KOMBINATION: Schön zusammen mit Zierlauch-Arten (*Allium*), rotlaubiger Fetthenne (z. B. *Sedum* 'Karfunkelstein'), Kalifornischem Kappenmohn (*Eschscholzia californica*) oder Weißer Nachtkerze (*Oenothera speciosa*). Pro m² benötigt man 5 Pflanzen.

ALTERNATIVE: Für feuchtere Standorte eignet sich die Fuchsrote Segge (*Carex buchananii*), die allerdings nicht ganz so fedrig leicht wirkt.

WINTERGRÜNE STAUDEN

Stauden, die im Winter ihr Laub behalten, sorgen für ein ganzjährig abwechslungsreiches Gartenbild. Zusammen mit immergrünen Gehölzen dienen sie als Blickfang und Strukturbildner gleichermaßen.

Digitalis ferruginea 'Gelber Herold'

Rostiger Fingerhut

AUSSEHEN: Eine grundständige, Rosetten bildende, kurzlebige, wintergrüne Staude mit länglichen, dunkelgrünen, bis 20 cm langen Blättern, die unterseits leicht behaart sind. Von Juni bis August erscheinen an aufrechten Sprossen Trauben aus goldbraunen, 3,5 cm langen, glockigen Blüten mit rotbraunen Adern und Zipfeln am äußeren Blütenrand. Die Pflanze wird bis 150 cm hoch und 45 cm breit.

STANDORT: Halbschattig in humosem, durchlässigem, kalkarmem Boden.

PFLEGE: Schützen Sie die Blattrosetten im Winter vor austrocknenden Winden.

VERMEHRUNG: Durch Aussaat im späten Frühjahr.

KOMBINATION: Die kerzenartigen Blütenstände setzen in Beeten mit Blattschmuckstauden wie Funkien (*Hosta*), Kastanien-Schaublatt (*Rodgersia aesculifolia*) oder Bergenien (*Bergenia*) markante Akzente. Pro m^2 benötigt man 6–9 Pflanzen.

ALTERNATIVE: Für sonnige Standorte empfiehlt sich Schwarze Königskerze (*Verbascum nigrum*) für eine ähnliche Wirkung. Der bis 70 cm hohe Gelbe Fingerhut (*Digitalis lutea*) ähnelt in Habitus und Blüte dem Rostigen Fingerhut, verträgt aber mehr Kalk im Boden.

Helleborus orientalis

Orientalische Nieswurz

AUSSEHEN: Eine Gruppen bildende Staude mit handförmig geteilten, ledrigen, wintergrünen, glänzend dunkelgrünen Blättern. Von Februar bis April erscheinen kräftige, meist verzweigte Sprosse mit einzeln am Stängel stehenden, grünlich weißen Blüten. Die Pflanzen kreuzen sich gern mit anderen *Helleborus*-Arten, deshalb gibt es auch Sorten mit weißen, rosa oder roten Blüten. Die auch als Lenzrose bezeichnete Staude wird bis 30 cm hoch und breit.

STANDORT: Halbschattig in humosem, durchlässigem, kalkhaltigem Boden.

PFLEGE: Bis zum Juni mag die Pflanze feuchten Boden, danach kann sie trocken stehen. Entfernen Sie das vorjährige Laub, wenn es im Laufe des Frühjahrs braun wird.

VERMEHRUNG: Durch Aussaat nach der Samenreife oder Teilen alter Horste im Herbst oder nach der Blüte.

KOMBINATION: Schön zusammen mit Mandelblättriger Wolfsmilch (*Euphorbia amygdaloides*), Narzissen (*Narcissus*), Hundszahn (*Erythronium*) und Hoher Schlüsselblume (*Primula elatior*). Pro m² benötigt man 4 Pflanzen.

ALTERNATIVE: Die Christrose (*Helleborus niger*) blüht bereits ab Ende Dezember. In der Laubwirkung ähnelt das immergrüne Dickmännchen (*Pachysandra terminalis*), auch Ysander genannt, der Orientalischen Nieswurz. Die Blüten von Ysander wirken im April/Mai wie kleine Schneeflocken.

Salvia officinalis 'Berggarten'

Echter Salbei

AUSSEHEN: Eine an der Basis verholzende, aufrechte, behaarte, immergrüne Staude, die botanisch streng genommen ein Halbstrauch ist, aber in vielen Gärtnereien als Staude angeboten wird. Die Art hat länglicheiförmige, bis 8 cm lange, wollig behaarte, graugrüne Blätter, die beim Zerreiben aromatisch duften. Im Juni und Juli erscheinen verzweigte Sprosse mit Trauben kleiner, fliederblauer Lippenblüten. Die Pflanze wird 50 cm hoch und etwa doppelt so breit.

STANDORT: Vollsonnig in durchlässigem, mäßig fruchtbarem Boden.

PFLEGE: Schützen Sie die Pflanze im Winter vor austrocknenden Winden und zu viel Bodenfeuchtigkeit.

VERMEHRUNG: Durch Stecklinge im Sommer.

KOMBINATION: Die strukturbildende Wirkung der graulaubigen Staude kommt besonders gut im Kontrast zu rotlaubigen Stauden wie der *Sedum*-Hybride 'Karfunkelstein' oder Purpurglöckchen (z. B. *Heuchera* 'Palace Purple') zur Geltung. Pro m² benötigt man 3–5 Pflanzen.

ALTERNATIVE: Eine filigranere Wirkung im Beet, aber ebenso apartes graugrünes Laub hat Lavendel (z. B. *Lavandula angustifolia* 'Munstead'). Ähnlich im Habitus und Laub ist Strauchiges Brandkraut (*Phlomis fruticosa*), das jedoch in hellem Gelb blüht. Beide Arten haben die gleichen Standortansprüche.

BESONDERE BEETE MIT EINFACHEN MITTELN

Manche Hobbygärtner haben ein Faible für ausgefallene Arten und sind immer auf der Suche nach botanischen Trophäen. Doch es muss nicht immer etwas äußerst Seltenes aus dem Reich der Flora sein. Man kann auch mit handelsüblichen Stauden oder sogar ganz banalen einheimischen Gewächsen attraktive Beete gestalten, wie dies unter anderem auch im New German Style praktiziert wird. Mal ganz ehrlich: Eigentlich kommt es doch darauf an, dass das Gesamtbild und die Atmosphäre der Pflanzung Eindruck machen – und nicht die Tatsache, dass es diese oder jene Pflanze nur ein einziges Mal im Umkreis von Hunderten von Kilometern gibt!

Farbe ist nicht das einzige Gestaltungsmittel im Beet. Blüten- und Blattformen sowie die gesamte Wuchsform der Pflanzen bieten tolle Kombinationsmöglichkeiten.

STRUKTUREN UND TEXTUREN

Farbe im Beet ist ein wesentlicher Gestaltungsaspekt und steht bei der Planung meist im Vordergrund. Dabei sollte jedoch die Rolle von Strukturen und Texturen nicht unterschätzt werden. Unter Textur versteht man die gewebeartige Struktur einer Oberfläche, was bei vielen Blattarten nicht nur optisch, sondern auch durch das Berühren sinnlich erfahrbar wird. Nur die wenigsten Blattoberflächen sind wirklich glatt. Bei vielen Arten weisen die Blätter gefurchte, raue, grob geäderte, filzige oder runzlige Texturen auf. Sie ahnen wahrscheinlich schon, warum dieser Aspekt hier erwähnt wird: Neben den Blüten sind Blattformen und -strukturen ganz wichtig als Untermalung und Kontrast. Achten Sie bei den Blättern auf die vielen verschiedenen Grüntöne! Einige Stauden haben sogar graues oder silbrig schimmerndes Laub. Wieder andere Blätter sind glänzend, wie mit einer Wachsschicht überzogen oder matt und stumpf. Beim Betrachten eines Staudenbeets nimmt man diese Strukturen mehr oder weniger bewusst wahr. Sie sind Teil der Komposition und tragen nicht unwesentlich zum Gesamteindruck eines Beetes bei.

Mit Blattschmuckstauden und Gräsern lassen sich auch ohne üppige Blütenpracht strukturstarke, ausdrucksvolle Pflanzungen schaffen.

Die zarten Blüten der Prachtkerze (*Gaura lindheimeri*) wirken wie ein Weichzeichner im Beet.

KORRESPONDENZEN, ÜBERGÄNGE UND VERLÄUFE

Denken Sie bei der Gestaltung auch an die Rolle der „Weichzeichner" im Beet. Stauden mit einem duftigen und lockeren Habitus, so wie Fenchel, Mutterkraut (*Tanacetum parthenium*) oder Prachtkerze (*Gaura lindheimeri*), nehmen den manchmal strengen Formen anderer Stauden ihre Härte und schaffen fließende Übergänge. Solche „Weichzeichner" gibt es für fast jede Situation und Jahreszeit. Schon im Frühjahr können Sie mit Kaukasus-Vergissmeinnicht (*Brunnera macrophylla*) zarte hellblaue Blütenschleier zwischen den oftmals straff aufrecht wachsenden und deshalb etwas streng wirkenden Zwiebelblühern wie beispielsweise Tulpen weben. Im Sommer herrscht kein Mangel an charmanten Begleitern, die Leichtigkeit ins Beet zaubern – etwa Rispiges Gipskraut (*Gypsophila paniculata*), Fenchel oder Prachtkerze. Und im Herbst sind es Gräser, die zwischen den kompakteren Staudenarten vermitteln. Verwenden Sie solche duftigen Arten möglichst mehrfach in einem Beet, damit Korrespondenzen entstehen und das Gesamtbild eine gewisse Einheitlichkeit bekommt.

MELODIE, RHYTHMUS UND VARIATIONEN

Die Gestaltung eines Staudenbeetes kann man mit der Komposition eines Musikstücks vergleichen. Beide Male handelt es sich um einen schöpferischen Prozess, bei dem es darauf ankommt, ein möglichst harmonisches Ganzes zu schaffen. Das gelingt nicht nur in der Musik, sondern auch im Staudenbeet durch Melodie, Rhythmus und Variationen. Das bedeutet, dass die Wiederholung von einzelnen markanten Arten oder auch Pflanzmotiven der Beetkomposition einen rhythmischen Charakter verleiht. Die Melodie entsteht, wenn „Weichzeichner" ins Spiel kommen und manche Motive variiert werden. So können Sie etwa bestimmte Blütenformen, beispielsweise die Körbchenblüten von Astern, Margeriten und Mutterkraut, in verschiedenen Größen oder Farben innerhalb einer Komposition verwenden. Das Gleiche gilt übrigens für Wuchsformen und Blattstrukturen, denn wie gesagt: Blüten sind nicht das einzige Gestaltungselement in einer Rabatte!

SCHÖNE STRUKTUREN UND TEXTUREN

Es sind nicht immer die Blüten einer Staude, die beeindrucken. Zahlreiche Arten imponieren mit den Strukturen und Texturen ihrer Laubblätter und haben dadurch einen besonderen Charme. Im Beet sorgen sie dafür, dass die Komposition einen ganz eigenen Charakter bekommt.

Artemisia schmidtiana var. *nana*

Kurilen-Beifuß

AUSSEHEN: Eine niedrigwüchsige, Rhizome bildende Staude mit silbrig behaarten, fein gefiederten, bis 6 cm langen Blättern. Im Juni und Juli erscheinen bis 10 cm lange Rispen mit kleinen, weißen Blütenköpfen. Die Pflanze wird bis 25 cm hoch und breit.

STANDORT: Vollsonnig in gut durchlässigem, nährstoffarmem Boden.

PFLEGE: Schützen Sie die Pflanze im Winter vor zu viel Nässe. Ein behutsamer Rückschnitt sorgt dafür, dass die Pflanze ihre Form behält.

VERMEHRUNG: Durch Stecklinge im Frühsommer.

KOMBINATION: Schön mit anderen silberlaubigen Pflanzen und mediterranen Arten wie Lavendel, Echtem Salbei (*Salvia officinalis*) und – als Kontrast – mit Arten, die rote oder purpurne Aspekte bieten wie Purpurglöckchen (z. B. *Heuchera*-Hybride 'Palace Purple') oder Purpur-Scheinsonnenhut (*Echinacea purpurea*). Pro m² benötigt man 7 Pflanzen.

ALTERNATIVE: Eine ähnliche Wirkung erzielt man mit Filzigem Hornkraut (*Cerastium tomentosum*), das sich aber stärker ausbreitet. Wird mehr Höhe gewünscht, empfiehlt sich Weißer Beifuß (*Artemisia ludoviciana*), der bis 80 cm hoch wird.

Crambe maritima

Küsten-Meerkohl

AUSSEHEN: Eine ausladende, wandlungsfähige Staude mit einer grundständigen Rosette aus kurz gestielten, länglichen bis eiförmigen, stark gewellten, bis 30 cm breiten, blaugrau bereiften Blättern. Von Mai bis Juli erscheinen reich verzweigte, rispige Doldentrauben mit zahlreichen kleinen, weißen Blüten. Die Pflanze wird bis 60 cm hoch und breit.

STANDORT: Vollsonnig in gut durchlässigem, nicht zu nährstoffreichem Boden.

PFLEGE: Schützen Sie die Pflanze vor Schneckenfraß.

VERMEHRUNG: Durch Aussaat im Frühjahr oder Herbst oder durch Teilen im zeitigen Frühjahr.

KOMBINATION: Küsten-Meerkohl steht gern ohne direkte Nachbarn. Gut passen in die Nachbarschaft Mexikanisches Federgras (*Nassella tenuissima*), Kalifornischer Kappenmohn (*Eschscholzia californica*) und Prärie-Igelkopf (*Echinacea pallida*). Pro m² benötigt man 1–2 Pflanzen.

ALTERNATIVE: Ähnlich zarte Blütenschleier bringt Rispiges Gipskraut (*Gypsophila paniculata*) hervor. An feuchteren und weniger sonnigen Standorten können Bergenien (*Bergenia*-Hybriden) eine ebenso markante Blattschmuckwirkung haben.

Euphorbia seguieriana subsp. *niciciana*

Iranische Steppen-Wolfsmilch

AUSSEHEN: Eine Gruppen bildende, buschige, bis 50 cm hohe und breite Staude mit an der Basis verholzenden Sprossen. Die schmalen, etwa 6 cm langen Blätter sind quirlartig angeordnet. Von Juni bis Oktober erscheinen an den Enden der Triebe bis 15 cm breite Blütenstände mit lindgrünen Hüllblättern. Die Pflanze bildet mit der Zeit halbkugelförmige Hügel.

STANDORT: Vollsonnig in durchlässigem, mäßig nährstoffreichem Boden.

PFLEGE: Putzen Sie die Pflanzen aus, wenn sie unordentlich wirken. Ansonsten eine sehr pflegeleichte Staude.

VERMEHRUNG: Durch Aussaat im Herbst oder Frühjahr oder durch Grünstecklinge im Spätfrühjahr.

KOMBINATION: Schön in Kies- und Steingärten, am Fuß von Trockenmauern und in sonnigen Staudenrabatten. Die Staude passt zu niedrigen und hohen Fetthennen (*Sedum*-Arten), Storchschnabel (*Geranium*), Lavendel und Zwiebelblühern, etwa orangefarbigen Tulpen. Pro m² benötigt man 6 Pflanzen.

ALTERNATIVE: Eine ähnliche Wirkung, aber in größerem Maßstab, hat bei gleichen Standortvorlieben die Palisaden-Wolfsmilch (*Euphorbia characias*). In feuchterem, nährstoffreicherem Boden wächst die ab April blühende Bunte Wolfsmilch (*Euphorbia epithymoides*).

BLACKBOX-GARDENING

Eine innovative Form der Beetgestaltung ist das sogenannte Blackbox-Gardening. Hierbei wird, wie eigentlich auch bei New German Style, New American Garden und Dutch Wave, nicht gegen die Natur, sondern mit ihr gegärtnert. Hauptaspekt ist die Verwendung von sich selbst versamenden Pflanzenarten, darunter Einjährige, Zweijährige, Stauden, Gräser und Zwiebelpflanzen. Die meisten Gärtner haben die Erfahrung gemacht, dass Akeleien, Mutterkraut (*Tanacetum parthenium*) oder Fingerhut (*Digitalis*) sich versamen und ihren eigenen Weg in die Beete finden. So wird der Garten zu einem echten Naturerlebnis: farbenfroh, blütenreich und dazu noch überraschend preiswert. Statt Unmengen teurer Stauden oder Einjähriger zu kaufen und einzupflanzen, brauchen Sie beim Blackbox-Gardening nur Samen, die oft preiswert zu bekommen sind, sowie einige Initialpflanzen (siehe Kasten).

INITIALPFLANZEN

Darunter versteht man beim Blackbox-Gardening Mutterpflanzen, die in einzelnen Exemplaren in die Beete gepflanzt werden und ihre Nachkommen in den Garten streuen sollen. Sie entwickeln sich rascher und blühen früher als im gleichen Jahr ausgesäte Pflanzen derselben Art. Als Faustregel gilt: Je langlebiger die Arten sind, desto mehr Exemplare sollten als Initialpflanzen gesetzt werden.

Viele Blackbox-Gardening-Pflanzen sind auch gute Bienenweiden, so etwa Knorpelmöhre und Patagonisches Eisenkraut.

Gräser gibt es in großer Vielfalt. Manche Arten säen sich von selbst aus.

WAS IST EIGENTLICH EINE BLACKBOX?

Als Blackbox bezeichnen Wissenschaftler ein System, das nur von außen betrachtet werden kann. Messbar sind allein die Einflussgrößen und -mengen („Input“) sowie das, was als sogenannter „Output“ das System wieder verlässt. Die genauen Vorgänge und Funktionsweisen innerhalb des Systems – der Blackbox – bleiben im Unklaren.

Beim Blackbox-Gardening stellen Gegebenheiten wie Boden-, Licht- und Feuchtigkeitsverhältnisse sowie das Saatgut oder die Initialpflanzen den „Input“ dar. Dann kann die Natur loslegen und das Abenteuer „Blackbox-Gardening“ beginnen: Die Pflanzen dürfen wachsen, wo sie wollen, sich vermehren und vielleicht auch kreuzen, wobei eventuell neue Hybriden entstehen können. Statt eines Beetes nach einem genauen Pflanzplan entsteht mit der Zeit – durch Zufall und Dynamik – als „Output“ eine standortgerechte, vielfältige und dauerhafte Pflanzengesellschaft. Standortgerecht allein schon deshalb, weil die Pflanzen sich nur dann dauerhaft im Garten etablieren, wenn ihnen die Bedingungen vor Ort auch wirklich zusagen.

FREIE STANDORTWAHL

Im Unterschied zum Gärtnern im New German Style darf sich beim Blackbox-Gardening jede Pflanze ihren Standort selbst aussuchen. Als Gärtner greifen Sie nur dann korrigierend ein, wenn Sie die von Mutter Natur geschaffene Komposition gestalterisch beeinflussen wollen. Dabei muss nicht zwangsläufig eine ausufernde Wildnis entstehen. Denn beim Blackbox-Gardening verbieten keine starren ideologischen Prinzipien ein Eingreifen des Gärtners nach ästhetischen Kriterien. Diese erfrischende und unkomplizierte Methode des Gärtnerns mit der Natur ist fast überall möglich, ob in neu angelegten oder bereits etablierten Gärten, auf dem Balkon, in den Fugen von Mauern und Pflasterflächen oder auf mit Kies bedeckten Flachdächern.

Übrigens: Blackbox-Gardening und konventionelles Gärtnern schließen einander nicht aus, sondern können kreativ kombiniert werden – entweder in friedlicher Koexistenz oder so, dass die beiden Methoden sich gegenseitig in ihrer Wirkung verstärken. Kontraste beleben bekanntlich den Garten – warum nicht mal ein Blackbox-Beet neben einer akkurat gepflegten Rasenfläche anlegen oder ein Beet im Bauerngarten für diese unkonventionelle Methode reservieren?

WAS BEDEUTET „STANDORTGERECHT“?

Ein Standort setzt sich aus vielen Komponenten zusammen, darunter Lichtverhältnisse, Bodenart und -feuchte, Nährstoffgehalt und Mikroklima. Die Standortgerechtigkeit kann man durch einen Vergleich mit den Verhältnissen am natürlichen Standort einer Pflanzenart abschätzen, aber auch durch eigene Erfahrungen und überliefertes Wissen. Ob eine Pflanze am vorgesehenen Standort optimal gedeiht, hängt davon ab, ob dort ihre Bedürfnisse weitestgehend erfüllt werden. ■

SELBSTLÄUFER FÜR DEN GARTEN

Die folgenden, eher kurzlebigen Arten versamen sich an geeigneten Standorten reichlich, sodass sie, wenn sie einmal erfolgreich im Garten etabliert sind, immer wieder selbst für Nachkommen sorgen.

Foeniculum vulgare 'Atropurpureum'

Bronze-Fenchel

AUSSEHEN: Eine tief wurzelnde, kurzlebige Staude mit lockeren Büscheln aus fein gefiederten, bronzepurpurnen, bis 30 cm langen, nach Anis duftenden Blättern. Von Juli bis September erscheinen an schlanken Sprossen flache, bis 10 cm breite Dolden mit winzigen gelben Blüten. Die Pflanze wird bis 150 cm hoch und 40 cm breit.

STANDORT: Vollsonnig in feuchtem, aber durchlässigem Boden.

PFLEGE: Nur, wenn Sie eine überreiche Selbstaussaat verhindern möchten, entfernen Sie einige Blütenstände vor der Samenreife.

VERMEHRUNG: Durch Aussaat im Frühjahr.

KOMBINATION: Fenchel lockert müde Bepflanzungen lebendig auf. Er passt gut zu Präriestauden wie Duftnessel (*Agastache*), Sonnenbraut (*Helenium*), Scheinsonnenhut (*Echinacea*), Indianernessel (*Monarda*) sowie zu Dahlien. Pro m² benötigt man 3–5 Pflanzen.

ALTERNATIVE: Eine in etwa vergleichbar duftige Wirkung im Beet erzielt man am ehesten mit Ziergräsern wie Gartensandrohr (*Calamagrostis × acutiflora* 'Karl Foerster') oder Riesen-Federgras (*Stipa gigantea*). Sie sind als optische Alternative gedacht, sie samen sich allerdings nicht so einfach selbst aus.

Erigeron karvinskianus

Karwinskis Berufkraut

AUSSEHEN: Eine Teppiche bildende, an der Basis verholzende, locker verzweigte Staude mit lanzettlichen, bis 4 cm langen, graugrünen, leicht behaarten Blättern. Von Juni bis September erscheinen 2 cm breite, gänseblümchenähnliche Korbblüten, die sich weiß öffnen und später eine purpurne Tönung annehmen. Die Pflanze wird 20–30 cm hoch und bis zu 100 cm breit.

STANDORT: Vollsonnig in mäßig fruchtbarem, nicht zu nassem, gut durchlässigem Boden.

PFLEGE: Schützen Sie die Pflanze vor winterlicher Nässe. Nur in milden Regionen winterhart, ansonsten frostfrei im Topf überwintern.

VERMEHRUNG: Durch Aussaat oder Teilen im Frühjahr.

KOMBINATION: Ideal zur Bepflanzung von Mauern und zur Begrünung von Pflasterfugen. Pro m² benötigt man 7–12 Pflanzen.

ALTERNATIVE: Ähnliche Blüten haben viele Astern-Arten, etwa die von Mai bis Juni blühende Alpen-Aster (*Aster alpinus* 'Albus') sowie die Schönaster (*Kalimeris incisa*), eine Staude, die unermüdlich von Juni bis September blüht und 60 cm hoch wird. Nur wenige Astern-Arten versamen sich reichlich. Deshalb sind diese Arten eher als optische Alternativen zu verstehen.

Eschscholzia californica

Kalifornischer Kappenmohn

AUSSEHEN: Eine kurzlebige, meist als Einjährige gezogene Staude mit verzweigten, an der Basis verholzenden Stängeln und graugrünen, fein gefiederten, bis 14 cm langen Blättern. Von Juni bis September erscheinen kelchförmige, 5–12 cm breite, orangefarbene Blüten. Die Pflanze wird bis 30 cm hoch und halb so breit.

STANDORT: Vollsonnig in gut durchlässigem, nährstoffarmem Boden.

PFLEGE: Kappenmohn bildet eine Pfahlwurzel aus und kann daher kaum erfolgreich verpflanzt werden.

VERMEHRUNG: Durch Aussaat zwischen April und Juni.

KOMBINATION: Wirkt schön mit Gräsern, Küsten-Meerkohl (*Crambe maritima*) und in Kiesgärten. Pro m^2 benötigt man etwa 25 Pflanzen.

ALTERNATIVE: An feuchteren Standorten erzielt man mit einjährigen Ringelblumen (*Calendula officinalis*) eine vergleichbare Wirkung.

Verbena bonariensis

Patagonisches Eisenkraut

AUSSEHEN: Eine kurzlebige Staude mit straff aufrechten Trieben und schmalen, gezähnten Blättern. Von Juli bis zum ersten Frost erscheinen kleine, violette, in 5 cm breiten Trugdolden angeordnete Blüten. Die Pflanze wird 90–200 cm hoch und 45 cm breit.

STANDORT: Sonnig in mäßig nährstoffreichem, durchlässigem Boden.

PFLEGE: Schützen Sie die Pflanze vor winterlicher Nässe.

VERMEHRUNG: Durch Aussaat im Frühjahr.

KOMBINATION: Passt gut zu Präriestauden wie Sonnenhut (*Rudbeckia*), Sonnenbraut (*Helenium*), Scheinsonnenhut (*Echinacea*), Lanzettblättrigem Mädchenauge (*Coreopsis lanceolata*) und graulaubigen Stauden wie Beifuß (*Artemisia*). Pro m^2 benötigt man 3–5 Pflanzen.

ALTERNATIVE: Lanzen-Verbene (*Verbena hastata*) mit ähnlichen Standortansprüchen, aber violetten Kerzenblüten.

KAUF UND PFLEGE VON STAUDEN

Der richtige Umgang mit Stauden beginnt schon bei Auswahl und Kauf, geht über die Bodenvorbereitung, das Pflanzen, Wässern und Düngen bis hin zum Winterschutz. Wenn die Stauden älter werden, kommen Rückschnitt und Verjüngen ins Spiel. Das klingt aufwändig, ist aber tatsächlich weniger Arbeit als die Pflege einer Rasenfläche – und attraktiver als diese sind blühende Rabatten und bunte Beete in jedem Fall!

AUSWAHL UND KAUF

Die erste Adresse für den Kauf von Stauden ist die Staudengärtnerei. Hier finden Sie sortenechte, gesunde Pflanzen und fachgerechte Beratung. Einige dieser Betriebe geben – gedruckt oder online – Kataloge heraus, sodass Sie schon zu Hause eine Auswahl treffen können. Manche Firmen sind auch auf den Versand eingestellt. Doch auch andere Gärtnereien und Gartencenter führen meist ein breites Sortiment gängiger Stauden in akzeptabler Qualität.

Eine gesunde Pflanze erkennen Sie an frischem Laub ohne Flecken oder Fraßstellen, außerdem sollte sie mehrere Triebe besitzen. Die meisten Stauden werden heutzutage in Plastiktöpfchen (Containern) verkauft. Topfen Sie die Staude vorsichtig aus und schauen Sie genau hin: Ist der Topf gut durchwurzelt und sind die Wurzelspitzen hell? Die Erde sollte angenehm und nicht faulig riechen. Wenn der erste Eindruck gut ist, können Sie die Staude bedenkenlos kaufen. Vorsicht aber bei sogenannten Schnäppchen: Auch wenn sie noch so günstig sind – von schwachen und kranken Stauden sollten Sie die Finger lassen. Sie werden sich kaum jemals zu schönen Exemplaren entwickeln!

BODENVORBEREITUNG

Da jede Staudenart eigene Ansprüche an die Zusammensetzung des Bodens hat, lohnt sich eine Bodenuntersuchung, also die Bestimmung des Säuregehalts mit einem einfachen pH-Test aus dem Gartencenter sowie die Bestimmung der Bodenart (sandig, lehmig, tonig oder humos). Letzteres können Sie durch Zusammendrücken einer Handvoll Erde herausfinden: Tonhaltiger, schwer durchlässiger Boden lässt sich gut kneten und wird beim Trocknen steinhart. Durch Zugabe von Sand und Humus (Kompost) kann er durchlässiger und fruchtbarer gemacht werden. Lehmboden lässt sich ebenfalls kneten, zerbröselt aber beim Trocknen. Zur Steigerung des Nährstoffgehalts können Sie organischen Dünger (Kompost) einarbeiten. Sandboden hat eine fühlbare Körnchenstruktur und rieselt beim Trocknen durch die Finger. Er ist zwar gut durchlässig, hält aber Wasser und Nährstoffe nicht lange. Durch Zugabe von Lehm und Humus wird er bindiger und fruchtbarer. Humus ist nicht mineralischen Ursprungs und entsteht durch verrottende Pflanzen. Er ist feucht und hat eine faserige Struktur. Durch Zugabe von Sand wird er durchlässiger. Vor dem Pflanzen müssen Wurzelunkräuter wie Ackerwinden oder Quecken gründlich aus dem Boden entfernt werden – das erspart später lästiges Jäten.

Stauden werden in der Regel in genormten Plastiktöpfchen (Containern) herangezogen und verkauft.

DAS EINPFLANZEN

Verteilen Sie, bevor Sie mit der eigentlichen Pflanzarbeit beginnen, die Pflanzen probeweise auf dem Beet. Ein Pflanzplan als Vorlage erleichtert die Anordnung. Stehen manche Pflanzen dann zu dicht oder klaffen zwischen einzelnen Stauden zu große Lücken, können Sie noch Korrekturen bei den Pflanzabständen vornehmen. Wenn Sie mit der Verteilung zufrieden sind, graben Sie für jede Staude ein Loch, das etwas größer als deren Wurzelballen ist. Bei Containerpflanzen tauchen Sie die Töpfe vor dem Austopfen so lange in ein Wasserbecken, bis keine Luftblasen mehr aufsteigen.

Achten Sie beim Austopfen darauf, dass keine Wurzeln abgerissen werden. Verfilzte Wurzelballen lockern Sie etwas auf. Dann setzen Sie die Pflanze genau so tief in die Erde, wie sie auch vorher im Topf war, also weder in einen Trichter noch auf einen Hügel. Füllen Sie nach und nach die Erde zurück ins Pflanzloch und drücken Sie sie fest. Wenn alle Pflanzen gesetzt sind, wird die Neupflanzung vorsichtig, aber gründlich gewässert. Achten Sie auch in den folgenden Tagen darauf, dass der Boden feucht bleibt, damit die Pflanzen gut anwachsen können.

RÜCKSCHNITT ERST IM FRÜHJAHR

Früher wurden die Beete schon im Herbst aufgeräumt und alle verblühten Stauden bodennah abgeschnitten. Die Beete gingen nackt und kahl in die Winterpause. Inzwischen hat es sich herumgesprochen, dass man die abgestorbenen oberirdischen Teile der Stauden auch den Winter über auf den Beeten stehen lassen kann. Sie bilden einen natürlichen Winterschutz für die Pflanzen und bieten vielen nützlichen Insekten einen Unterschlupf während der kalten Jahreszeit. Zudem sieht es manchmal richtig schön aus, wenn Raureif oder Schnee die Reste der Pflanzen zu filigranen Kunstwerken veredeln. Ein wesentlicher Aspekt der Beetgestaltung im New German Style ist schließlich auch die ganzjährige Attraktivität der Beete. Wohlgemerkt ist damit nicht das ganzjährige Blühen der Stauden gemeint, sondern die Einbeziehung aller Aspekte einer Staude, eben auch die Früchte und Samenstände in der Nachblütezeit.

Wenn man sich an den Strukturen und bizarren Formen der abgestorbenen Pflanzenteile satt gesehen hat, erfolgt der bodenebene Rückschnitt kurz vor dem Austrieb im zeitigen Frühjahr. Manche Gärtner verzichten sogar ganz auf einen Rückschnitt und setzen auf das naturnahe Durchwachsen der Stauden. Im Frühjahr wirkt das zwar etwas wild und unordentlich, aber bis zum Sommer sieht man meist nichts mehr vom vorjährigen Bewuchs. Insbesondere in der Dutch Wave-Bewegung hat diese Methode Anhänger gefunden. Ob sie für den Hausgarten praktikabel ist, muss jeder für sich entscheiden.

Die modernen Gartenstile reduzieren den Arbeitsaufwand im Garten. Wie viel Pflege Sie investieren, hängt unter anderem davon ab, wie entspannt Sie mit „Unordnung“ in den Beeten zurechtkommen.

DÜNGEN

Bei der modernen Beetgestaltung nach den Prinzipien des New German Style steht die Nachhaltigkeit und Pflegeleichtigkeit im Vordergrund. Daher erübrigt sich die Frage, ob und wann gedüngt werden muss. Generell gilt für diese Art von Pflanzungen, dass auf Dünger verzichtet werden kann, weil die Pflanzen am richtigen Standort genügsam sind und alles haben, was sie brauchen. Gelegentliche, breitwürfig verteilte Kompostgaben schaden aber nicht. Nur Prachtstauden, die als Blickfang in die Pflanzung integriert wurden, sowie prächtige Zwiebelblüher, etwa großblumige Tulpen, Narzissen und Lilien, brauchen zur Zeit des Austriebs und nach der Blüte mehr Nährstoffe. Verwenden Sie dafür am besten einen organischen Dünger.

TEILEN UND VERJÜNGEN

Wenn Stauden nach einigen Jahren Alterungserscheinungen zeigen, blühfaul werden oder die Horste von innen her verkahlen, wird es Zeit, sie zu verjüngen. Dazu graben Sie die Pflanze vorsichtig aus und teilen den Wurzelballen mit einem Spaten oder einem Messer in etwa faustgroße Stücke, die jeweils mindestens drei gesunde Triebe aufweisen sollten. Entfernen Sie Abgestorbenes und Unkraut und pflanzen Sie die einzelnen Teilstücke wieder ein. Am besten geschieht das vor dem Austrieb im zeitigen Frühjahr und im Herbst, nachdem die Stauden ihr Laub eingezogen haben. Überzählige Teilstücke können Sie an anderer Stelle einpflanzen oder an andere Pflanzenfreunde weiterreichen.

ALTERUNG VON STAUDEN

Das Lebensalter von Stauden kann, je nach betreffender Art, sehr unterschiedlich sein. Sie können die Lebensdauer der meisten Stauden verlängern, indem Sie die Pflanzen alle paar Jahre aufnehmen, teilen und die Teilstücke wieder einpflanzen. Diese Verjüngungskur wirkt oft Wunder: Die Pflanzen sehen wieder attraktiv aus und belohnen die Mühe mit reichem Flor. ■

Während der Blütezeit sollten Stauden nicht verpflanzt werden. Eine Ausnahme bilden Pflanzen, die im Container herangezogen wurden.

MIT STAUDEN **STIMMUNGEN** SCHAFFEN

Gärtnern hat viel mit der Seele zu tun. Deshalb ist es auch so befriedigend, wenn man mit der Kombination verschiedener Pflanzen eine ganz besondere Atmosphäre im Beet schaffen kann. Ganz gleich, ob Sie lieber sehnsuchtsvoll in blauen Blüten schwelgen oder mit knalligen Farben ordentlich auf die Pauke hauen wollen: Spielen Sie mit den Möglichkeiten, die Ihnen das breite Arten- und Sortenspektrum der Stauden bietet!

NEUE BEETIDEEN

DURCH DIE BEGEGNUNG MIT AKTUELLEN STRÖMUNGEN DER GARTENGESTALTUNG WÄCHST AUCH DIE LUST AUF NEUE BEETIDEEN ABSEITS AUSGETRETENER PFADE – LASSEN SIE SICH BEGEISTERN!

Sie finden in diesem Kapitel viele Anregungen für attraktive Beetgestaltungen mit Stauden. Teilweise sind diese an lang bewährten Mustern angelehnt, oft aber auch wirklich innovativ. Konkrete Pflanzpläne für die praktische Umsetzung, wie Sie das aus vielen Gartenzeitschriften und manchen Gartenratgebern kennen, bekommen Sie an dieser Stelle jedoch nicht serviert. Dafür ist jede Gartensituation meiner Meinung nach ohnehin viel zu einzigartig und speziell. Hier geht es vielmehr um die Atmosphäre, die Sie mit bewusst ausgewählten Kombinationen von vielleicht nicht alltäglichen Staudenarten in einem Beet erzeugen können. Dass Pfingstrosen und Iris gut zusammenpassen, weiß fast jeder Hobbygärtner. Und dass Rosen und Rittersporn ein hübsches Paar bilden, ist auch keine neue Erkenntnis. Allerdings können Sie, dank New German Style und den verwandten Strömungen, viele neue Staudenarten kennenlernen. Darunter sind zahlreiche Wildarten, die ganz ungewöhnliche, spannende Pflanzkombinationen ermöglichen. Auch durch eine Verwendung als informelle Mischpflanzung, wo einzelne Arten über die gesamte Beetfläche gemischt verteilt werden, kann das zu völlig neuen Beetideen führen. Öffnen Sie sich diesen neuen Impulsen, um sie kreativ in Ihrem eigenen Garten umzusetzen!

Kühne Kombinationen, wie hier Russels Brandkraut (*Phlomis russeliana*) und Perlgras (*Melica*), ermöglichen spannende Beetkompositionen.

BLAUER SEHNSUCHTSGARTEN

Die Farbe Blau hat eine fast mystische Dimension und symbolisiert sowohl Sehnsucht als auch Unendlichkeit. Künstler waren und sind von ihr fasziniert, wie etwa die Maler der Künstlergruppe des „Blauen Reiters" um Wassily Kandinsky, Franz Marc und August Macke. Der österreichische Dichter Georg Trakl feierte die blaue Farbe in seinen Gedichten geradezu exzessiv, und beim Romantiker Novalis wurde die „Blaue Blume" zum Symbol der Sehnsucht nach dem Unerreichbaren. Blaue Blüten sind also aufgeladen mit Stimmung und Bedeutung. Und selbst wenn man kulturhistorisch wenig bewandert ist, wird man von ihrer ätherischen Schönheit verzaubert.

DIE WIRKUNG VON BLAU

Am intensivsten wirken blaue Blüten in den Morgen- und Abendstunden, im grellen Mittagslicht kommen sie weniger gut zur Geltung. Gern werden blaue Blüten mit Rosa und Weiß zu pastellfarbenen Kompositionen verwebt. Die Farbe Weiß mildert dabei die Wirkung von Blau ab und hellt dunkle Blautöne auf. Graugrünes und silbriges Laub hingegen betonen die blaue Farbe von Blüten stärker. Das schönste Blau findet man wahrscheinlich bei Garten-Rittersporen (*Delphinium × cultorum*). Diese Prachtstauden sind jedoch nicht ganz einfach zu kultivieren. Für eine pflegeleichte, sich selbst erhaltende Pflanzung sollten Sie daher robustere und langlebigere Stauden wählen, die im Idealfall einen Hang zur Selbstausbreitung haben. Dazu zählen Arten der Katzenminze (*Nepeta*), des Storchschnabels (*Geranium*) sowie Astern, von denen es nicht nur Herbstblüher, sondern auch viele schöne, bereits im Sommer blühende Arten gibt.

Die silbrigen Triebe des Mannstreus (*Eryngium*) betonen die violettblauen Blüten von Stauden-Phlox 'Blue Evening' (*Phlox paniculata*).

DIE IRIS-MINZE-WIESE

Ein gutes Beispiel für eine stimmungsvolle, aber pflegeleichte Beetgestaltung mit blauen Blüten ist die Iris-Minze-Wiese, die der Gartenplaner Heiner Luz 2005 für die BUGA in München entwarf. Er kombinierte wenige, aber charakterstarke Pflanzen zu einem vom Frühjahr bis zum Herbst attraktiven Gesamtbild. Als sogenannte Aspektbildner, also optisch dominierende Arten, wählte er für den Frühsommer Wiesen-Schwertlilie (*Iris sibirica*) und Bernstein-Minze (*Mentha × speciosa* 'Jokka'). Für den Sommer entschied er sich für Sibirische Katzenminze (*Nepeta sibirica*) und Langblättrigen Blauweiderich (*Pseudolysimachion longifolium*). Für den Herbst nahm er Glatte Aster (*Aster laevis*), Scheinkamille (*Boltonia asteroides* var. *latisquama*) und Rohr-Pfeifengras (*Molinia arundinacea* 'Karl Foerster'). Als Begleitstauden pflanzte er Frauenmantel (*Alchemilla epipsila*), Cusicks Prärielilie (*Camassia cusickii*), Blut-Weiderich (*Lythrum salicaria*), Echten Arznei-Baldrian (*Valeriana officinalis*), Sibirischen Storchschnabel (*Geranium wlassovianum*) und Großen Wiesenknopf (*Sanguisorba officinalis*). Die Standortansprüche der verwendeten Arten ähneln einander. Alle brauchen einen humosen, mäßig nährstoffreichen, leicht feuchten Boden in voller Sonne. Insgesamt wurden pro Quadratmeter 10 bis 12 Stauden in Form einer informellen Mischpflanzung gesetzt. Bis sich eine geschlossene Pflanzendecke gebildet hatte, wurde regelmäßig gejätet. Später genügte es, die Blumenwiese einmal im Jahr am Ende des Winters mit einem hoch eingestellten Rasenmäher abzumähen und das Schnittgut zu entfernen.

BLAU FÜRS BLUMENBEET

Die Auswahl an blau blühenden Stauden ist enorm. Die vielen Arten und Sorten von blauen Astern, Salbei, Eisenhut (*Aconitum*), nicht zu vergessen die Glockenblumen (*Campanula*), machen es nicht leicht, sich zu entscheiden. Achten Sie bei der Auswahl aber nicht nur auf die Blütenfarbe, sondern auch auf robuste, langlebige Arten und deren Standortansprüche!

Pseudolysimachion longifolium

Langblättriger Blauweiderich

AUSSEHEN: Die auch unter dem alten Namen *Veronica longiflora* im Handel geführte aufrechte Staude hat lanzettliche, bis 12 cm lange, am Rand gezähnte Blätter. Von Juni bis September erscheinen bis 25 cm lange, nach oben hin zugespitzte Trauben mit kleinen, fliederblauen Blüten. Die Pflanze wird bis 120 cm hoch und bis 30 cm breit.

STANDORT: Sonnig in mäßig fruchtbarem, feuchtem, durchlässigem Boden.

PFLEGE: Einzeln stehende Exemplare brauchen in der Regel eine Stütze, in Gruppenpflanzungen ist dies meist nicht nötig. Bei sommerlicher Trockenheit gießen.

VERMEHRUNG: Durch Aussaat oder Teilen im Frühjahr oder Herbst sowie durch Stecklinge im Sommer.

KOMBINATION: Die Staude passt gut in gemischte Staudenbeete und Rabatten. Die kerzenförmigen Blütenstände kontrastieren gut mit runden und tellerförmigen Blüten. Pro m² benötigt man 6 Pflanzen.

ALTERNATIVE: Für sonnige, aber eher trockene Standorte eignen sich Salbei-Arten, etwa der bis 90 cm hohe Quirlblütige Salbei (*Salvia verticillata*) oder Steppen-Salbei (*S. nemorosa*). Letzterer wird maximal 60 cm hoch.

Aster laevis

Glatte Aster, Kahle Aster

AUSSEHEN: Die aufrechte, Horste bildende Wildstaude aus Nordamerika hat schmal lanzettliche, bis 7 cm lange unbehaarte Blätter. Von September an erscheinen an locker verzweigten Rispen 1 cm große Blüten mit violettblauen Zungen- und gelben Röhrenblüten. Die Pflanze wird bis 130 cm hoch.

STANDORT: Sonnig bis halbschattig in feuchtem, durchlässigem Boden.

PFLEGE: Einzeln stehende Exemplare brauchen in der Regel eine Stütze, in Gruppenpflanzungen ist dies meist nicht nötig. Nasser Boden im Winter wird schlecht vertragen.

VERMEHRUNG: Teilen der Horste im Frühjahr. Verbreitet sich durch Selbstaussaat.

KOMBINATION: Wegen der späten Blütezeit eignet sich die Staude gut für herbstliche Beetkompositionen. Schön auch zusammen mit Gräsern. Pro m² benötigt man 6 Pflanzen.

ALTERNATIVE: Die Erika- oder Myrten-Aster (*Aster ericoides*) hat eine ähnliche Wirkung, verträgt aber trockenere Böden.

Iris sibirica

Wiesen-Schwertlilie

AUSSEHEN: Eine Horste bildende Rhizomstaude mit schmalen, grasartigen, bis 45 cm langen, überhängenden Blättern. Im Mai und Juni erscheinen an aufrechten, steifen, bis 120 cm hohen Stielen jeweils bis zu fünf typische, violettblaue Irisblüten. Es gibt auch Zuchtsorten mit weißen, rosafarbenen oder gelben Blütenblättern.

STANDORT: Sonnig in leicht feuchtem, durchlässigem Boden.

PFLEGE: Ältere Horste, die von innen her verkahlen, können Sie durch Teilen verjüngen.

VERMEHRUNG: Durch Teilen im zeitigen Frühjahr oder nach der Blüte.

KOMBINATION: Durch die naturnahe Wirkung passt die Staude gut in Wildgärten und an das Ufer von Gewässern. Gute Partner im Vordergrund sind Frauenmantel (*Alchemilla*), Storchschnabel-Arten (*Geranium*) und duftig wirkende Stauden wie Mutterkraut (*Tanacetum parthenium*). Pro m² benötigt man 6 Pflanzen.

ALTERNATIVE: Eine ähnliche Blattwirkung, jedoch ohne die aparten Blüten, haben Gräser, etwa Japanisches Federborstengras (*Pennisetum alopecuroides* 'Hameln').

WEISS UND GRÜN – EINE VORNEHME LIAISON

Es müssen nicht immer bunte Blüten und kräftige Farbkontraste sein, die das Auge erfreuen. Auch ausschließlich mit weiß blühenden Stauden lassen sich spannende Beetkompositionen schaffen. Ihnen eigen ist die elegante Ausstrahlung, die der subtile Kontrast von weißen Blüten und grünem Laub hervorruft. Das große Vorbild für viele „Weiße Gärten“ ist natürlich der berühmte, von Vita Sackville-West Mitte des 20. Jahrhunderts angelegte Weiße Garten von Sissinghurst Castle in Kent. Eigentlich ist es ein weißer, grüner und grauer Garten. Denn neben weißen Blüten spielen bei dieser Art der Gestaltung auch die Grüntöne der Blätter eine wichtige Rolle sowie graulaubige Stauden, die das Grün etwas variieren. Pflanzen mit weißen Blüten wirken leicht und können dunkle Hintergründe aufhellen. Schattige Bereiche erscheinen durch weiße Blütenakzente nicht mehr so düster. Und für all jene, die ihren Garten vor allem in den Abendstunden genießen, ist Weiß die Farbe der Wahl, weil weiße Blüten bei Dämmerung als Letzte sichtbar bleiben.

WEISS BLÜHENDE WILDSTAUDEN

Von vielen Zuchtstauden gibt es nicht nur bunte Formen, sondern oft auch rein weiß blühende Varianten. Dabei handelt es sich meistens um Auslesen, die auf natürlichen Mutationen beruhen, also auf spontanen genetischen Veränderungen. Doch es gibt auch zahlreiche von Natur aus in reinem Weiß blühende Wildstauden, die im New German Style und den verwandten Strömungen gern verwendet werden. Darunter sind einheimische Vertreter wie die im Englischen so poetisch „Queen Anne‘s Lace“ („Königin Annes Spitze“) genannte Wilde Möhre (*Daucus carota*) und der Alpen-Bergknöterich (*Aconogonon alpinum*), der in jeder großzügigen Pflanzung sowie in Solitärstellung einen tollen Blickfang bildet. Ergänzt wird das breite Spektrum der gartenwürdigen Wildstauden durch Arten aus Nordamerika und dem nicht-tropischen Asien.

WEISSBUNTES LAUB

Die Bedeutung der Blätter, insbesondere ihre Farbigkeit, spielt bei vielen modernen Beetgestaltungen eine immer größere Rolle. Ein breites Spektrum von Grüntönen beim Laub verschiedener Stauden wird ergänzt durch Schattierungen von braunroten („purpurfarbenen“) und panaschierten Blättern. Während früher Pflanzen mit panaschiertem Laub als unnatürlich oder im Aussehen als zu „künstlich“ galten und eher selten verwendet wurden, haben weißbunt oder gelbbunt belaubte Stauden mittlerweile einen festen Platz im Gestaltungsrepertoire moderner Gartenplaner gefunden. Gerade bei Gräsern kann eine panaschierte Form erstaunlich viel zur Gesamtwirkung im Beet beitragen. So etwa das Japan-Waldgras *Hakonechloa macra* ‘Aureola’, eine Sorte, die erst durch ihre gelb und grün gebänderten Blätter auffällt und in jüngster Zeit immer öfter verwendet wird.

WAS BEDEUTET „PANASCHIERT"?

Bei panaschiertem Laub bleibt der grüne Grundton des Blattes erhalten, aber ein Teil hat eine andere, meist hellere Farbe. Ein gewisser Grünanteil muss aber stets vorhanden sein, damit die Pflanzen mithilfe des Chlorophylls Fotosynthese betreiben und damit Sonnenlicht in Nährstoffe umwandeln können. Man bezeichnet den farbigen Wechsel von Blättern auch als Variegation. Im botanischen Namen wird diese Eigenschaft oft mit dem Zusatznamen „variegatum" hinter dem Art- und Sortennamen gekennzeichnet.

Von vielen Staudenklassikern gibt es wunderschöne weiß blühende Varianten, so etwa die Rittersporn-Sorte ‘Sandpiper’.

WEISSE WILDE FÜR DEN GARTEN

Wildstauden mit weißen Blüten wirken wie optische Aufheller in den Beeten, insbesondere, wenn sie nicht einzeln, sondern in Tuffs oder länglichen Driften gepflanzt werden. Bei manchen Arten haben sich Auslesen besser bewährt als die Stammform.

Aconogonon alpinum

Alpen-Bergknöterich

AUSSEHEN: Auch unter dem Namen *Polygonum alpinum* bekannte, Horste bildende Großstaude. An kräftigen, verzweigten, kantigen und gestreiften Stängeln stehen ei- bis lanzettförmige, manchmal gewellte, oberseits dunkelgrüne und unterseits hellgrüne Blätter. Von Juni bis September erscheinen an den Triebspitzen lockere, bis 15 cm lange Rispen mit kleinen, weißen bis hellrosafarbenen Blüten. Die Pflanze wird bis 100 cm hoch und breit.

STANDORT: Sonnig bis halbschattig in feuchtem, kalkarmem Boden.

PFLEGE: Ein Rückschnitt nach der ersten Blühphase bis auf die Stängelblätter unmittelbar unterhalb der abgeblühten Blütenstände regt eine Nachblüte an. Ansonsten ist die Staude äußerst pflegeleicht.

VERMEHRUNG: Durch Teilung im Frühjahr oder Herbst oder durch (nicht blühende) Stecklinge im Sommer.

KOMBINATION: Zu dieser interessanten Wildstaude passen hohe Sommer- und Herbstastern (z. B. *Aster novae-angliae*) und Gräser wie Eulaliagras (*Miscanthus sinensis*) oder Japanisches Lampenputzergras (*Pennisetum alopecuroides*). Pro m² benötigt man 1–2 Pflanzen.

ALTERNATIVE: Für trockenere Böden im Halbschatten und Schatten erzielen Sie mit Wald-Geißbart (*Aruncus dioicus*) eine ähnliche Wirkung. Die aus Nordamerika stammende, mit dem Alpen-Bergknöterich verwandte Art *Aconogonon speciosum* 'Johanniswolke' wird etwa doppelt so hoch wie *A. alpinum*, und verträgt auch trockenere Böden.

Sanguisorba tenuifolia var. *alba* 'Albiflora'

Garten-Wiesenknopf

AUSSEHEN: Eine hohe, schlank aufrecht wachsende, langlebige Staude mit schmalen, aus zahlreichen einzelnen Fiedern zusammengesetzten Blättern. Von April bis August erscheinen an den Stängeln endständige, dünne, kätzchenartige, bis 7 cm lange, nickende Blütenähren aus weißen Einzelblüten. Die Pflanze wird bis 140 cm hoch.

STANDORT: Sonnig bis halbschattig in leicht feuchtem, durchlässigem Boden.

PFLEGE: Höhere Exemplare müssen gestützt werden.

VERMEHRUNG: Durch Aussaat oder Teilen im Frühjahr oder Herbst.

KOMBINATION: Gut geeignet zur Auflockerung von Staudenbeeten und Rabatten, in Wildblumenwiesen sowie als lang haltende Schnittblume für gemischte Sträuße. Pro m² benötigt man 2 Pflanzen.

ALTERNATIVE: Der Kanadische Wiesenknopf (*Sanguisorba canadensis*) wird bis 200 cm hoch und eignet sich daher gut für großzügige Rabatten. Für feuchtere, schattigere Standorte erzielen Sie mit weißem Kerzen-

Wiesenknöterich (*Bistorta amplexicaulis* 'Alba') eine vergleichbare Wirkung.

Selinum wallichianum

Kaschmirdolde

AUSSEHEN: Die auch unter dem Namen *Selinum tenuifolium* im Handel geführte aufrechte, Horste bildende Staude hat fein gefiederte, farnartige, bis 50 cm lange Blätter, die an einem kräftigen, rötlich purpurn getönten Stängel stehen. Von Juni bis August entwickeln sich ca. 20 cm breite Dolden mit winzigen, reinweißen, sternförmigen Blüten. Die Pflanze wird bis 120 cm hoch und etwa 50 cm breit.

STANDORT: Sonnig bis halbschattig in frischem, gut durchlässigem Boden.

PFLEGE: Schneiden Sie die Staude im Spätherbst zurück. Wenn eine Selbstaussaat erwünscht ist, lassen Sie einige Samenstände stehen.

VERMEHRUNG: Durch Aussaat nach der Samenreife oder vorsichtiges Teilen im Frühjahr.

KOMBINATION: Schön in gemischten Rabatten und Wildblumenwiesen. Gute Partner sind markante Blütenstauden wie Roter Scheinsonnenhut (*Echinacea purpurea*) und Stauden mit kompakten Blütenständen wie Kerzen-Wiesenknöterich (*Bistorta amplexicaulis*) sowie Großer Wiesenknopf (*Sanguisorba officinalis*). Pro m² benötigt man 5 Pflanzen.

ALTERNATIVE: Für kleinere Beete empfehlen sich andere Doldenblütler wie etwa die einjährig wachsende Große Knorpelmöhre (*Ammi majus*) oder die zweijährige Wilde Möhre (*Daucus carota*), die beide nur 30–90 cm hoch werden.

GESTREIFT, GETUPFT UND GESCHECKT

Stauden mit panaschiertem Laub zaubern lichte Akzente in dunkle Gartenteile. Und wenn Sie bei den Stauden nichts Passendes für Ihre Zwecke finden, dann schauen Sie sich doch mal bei den Gehölzen um – da gibt es auch zahlreiche attraktive Sorten mit weißbuntem Laub!

Hakonechloa macra 'Aureola'

Japan-Waldgras, Japanisches Goldberggras

AUSSEHEN: Ein Horste bildendes Gras, das ordentlich wirkende Büschel aus leicht überhängenden, etwa 1 cm breiten und 25 cm langen Blättern hat, die bei der Sorte 'Aureola' schmal gelb und grün gestreift sind. Im Herbst färbt sich das Laub rötlich. Nur selten erscheinen im Herbst nadelartige, blassgrüne Blütenähren. Die Pflanze wird bis 40 cm hoch und breit.

STANDORT: Sonnig bis halbschattig in humosem, feuchtem, aber gut durchlässigem Boden.

PFLEGE: In rauen Lagen ist ein Winterschutz empfehlenswert. Schneiden Sie die welken Blatthorste erst im zeitigen Frühjahr zurück.

VERMEHRUNG: Durch Teilen im Frühjahr.

KOMBINATION: Dieses Gras eignet sich gut für den Rand von Rabatten und als Unterpflanzung von Gehölzen. Ich habe immer einige eingetopfte Exemplare auf Lager, um damit während der Saison plötzlich entstehende Lücken im Beet zu kaschieren.
Pro m² benötigt man 5 Pflanzen.

ALTERNATIVE: Für die gleiche Wirkung, aber in größerem Maßstab, können Sie das weißbunte, bis 170 cm hohe Chinaschilf (*Miscanthus sinensis* 'Variegatus') verwenden. Wintergrün, robust und für die Pflanzung unter Gehölzen geeignet ist die weißbunte, etwa 30 cm hohe Japan-Segge (*Carex morrowii* 'Variegata').

Lysimachia punctata 'Alexander'

Punktierter Gilbweiderich

AUSSEHEN: Eine aufrechte Rhizomstaude mit lanzettlichen bis ovalen, gespitzten Blättern, die fein behaart sind und bei der Sorte 'Alexander' cremefarbene Ränder haben. Von Mai bis August entwickeln sich in den Blattachseln der oberen Triebe stehende, 2,5 cm breite, leuchtend gelbe, becherförmige Blüten Die Pflanze wird bis 90 cm hoch und etwa 60 cm breit.

STANDORT: Sonnig bis halbschattig in feuchtem, durchlässigem, humosem Boden.

PFLEGE: Die Pflanze ist äußerst pflegeleicht, neigt aber zum Wuchern. Selbst kleine Rhizomteile treiben wieder aus.

VERMEHRUNG: Durch Abtrennen von bewurzelten Rhizomteilen im Frühjahr.

KOMBINATION: Zum Auswildern in feuchten Wiesen, Gehölzgärten und an Gewässerufern geeignet. Setzen Sie die Pflanze im Staudenbeet mit Vorsicht ein, da die Rhizome durch die Horste anderer Stauden wandern. Pro m² benötigt man 8 Pflanzen.

ALTERNATIVE: Sie können statt der panaschierten Form eine vom Habitus ähnliche, aber von Juli bis September weiß blühende Art von *Lysimachia* mit ähnlichen Standortvorlieben wählen: den Entenschnabel-Felberich (*Lysimachia clethroides*).

Brunnera macrophylla 'Jack Frost'

Kaukasus-Vergissmeinnicht

AUSSEHEN: Eine Rhizomstaude mit gestielten, weich behaarten, ei- bis herzförmigen, zugespitzten, bis 20 cm langen, grundständigen Blättern. Bei der Sorte 'Jack Frost' sind diese silbrig mit grünen Adern. Die Stängelblätter sind deutlich kleiner und lanzettförmig. Im April und Mai erscheinen an lockeren Rispen etwa 7 mm breite, leuchtend blaue, sternförmige Blüten. Die Pflanze wird bis 4 cm hoch und breit.

STANDORT: Halbschattig in nicht zu trockenem, durchlässigem Boden.

PFLEGE: Schützen Sie den Austrieb vor Schneckenfraß. Wenn reingrüne Blätter auftreten, sollten Sie diese mitsamt dem Wurzelansatz entfernen, damit sie nicht dominant werden.

VERMEHRUNG: Durch Teilen im Frühjahr nach der Blüte.

KOMBINATION: Kaukasus-Vergissmeinnicht ist ein idealer Begleiter für Frühlingspflanzen wie Primeln und Hasenglöckchen (*Hyacinthoides*). Pro m² benötigt man 12 Pflanzen.

ALTERNATIVE: Ähnliche Standortvorlieben hat Lungenkraut (*Pulmonaria*). Von dieser Gattung gibt es mehrere Arten, von deren Sorten einige ebenfalls panaschiertes Laub und blaue Blüten haben. Sehr schön ist beispielsweise Großgeflecktes Lungenkraut (*P. saccharata*). Dessen Sorte 'Majeste' hat silberne Blätter mit grünem Rand.

EIN HAUCH VON PASTELL

Beim Thema Pastelltöne kommen mir unweigerlich einige der schönsten Gemälde von Claude Monet in den Sinn, etwa „Die Themse unterhalb von Westminster“ und die Ansichten der Kathedrale von Rouen. Aber auch die Seerosenbilder, die er in seinem Garten in Giverny erschuf, sind von zarten Pastelltönen bestimmt. Diese Bilder strahlen nicht zuletzt wegen ihrer zurückhaltenden, weichen Farbigkeit eine große Ruhe, Harmonie und heitere Ausgeglichenheit aus. Im Garten können Sie durch die Verwendung verwandter Farben und das Vermeiden von starken Kontrasten ganz ähnliche harmonische Stimmungen schaffen. Wenn Sie dabei pastellfarben blühende Wildstauden oder solche Arten verwenden, die ihren wilden Ahnen noch recht ähnlich sind, stimmen meist auch die Proportionen. Vermeiden Sie nach Möglichkeit Arten mit allzu großen, prächtigen Blüten. Wählen Sie eher solche aus, die zahlreiche, aber kleinere Blüten haben. Das ergibt ein harmonischeres Gesamtbild mit impressionistischem Charakter.

Unter den Stauden mit pastellfarbigen Blüten finden Sie eine große Auswahl. Achten Sie aber nicht nur auf die Blütenfarbe, sondern auch auf ausdauernd blühende Arten. Dann haben Sie über einen langen Zeitraum Freude an der Pflanzung. Solche Stauden sind beispielsweise Große Skabiose (z. B. *Scabiosa caucasica* 'Clive Greaves'), verschiedene neue Storchschnabel-Arten (z. B. die *Geranium*-Hybride 'Rozanne') oder Prachtkerze (z. B. *Gaura lindheimeri* 'Siskiyou Pink').

Die weinroten Blütenköpfchen der Witwenblume (*Knautia macedonica*) bilden einen markanten Farbkontrast zu pastellfarbenen Blüten.

Die weißen Blütenstände von Schwarzem Lauch (*Allium nigrum*) harmonieren perfekt mit blauviolettem Storchschnabel 'Johnson's Blue' (*Geranium*).

WEISS ALS VERSTÄRKER

Kombinieren Sie helle Blau-, Rosa- und Violetttöne möglichst mit Blüten in reinem Weiß. Dieses verstärkt die Wirkung von Pastellfarben und lässt sie klarer hervortreten. Das verhindert zudem, dass ein Beet mit pastellfarbenen Blüten monoton und damit langweilig wirkt. Denken Sie auch an die Laubfarbe: Pflanzen mit silbrigem oder grauem Laub wie etwa Woll-Ziest (*Stachys byzantina*), Perlkörbchen (*Anaphalis triplenervis*) oder Blauraute (*Perovskia*) passen ebenfalls gut zu pastellfarbenen Blüten und unterstreichen deren Wirkung. Vermeiden Sie aber möglichst die Beimischung von Gelb. Dies würde einem Beet mit pastellfarbenen Blüten die Frische nehmen und es schmutzig wirken lassen.

PASTELLFARBENE LEICHTIGKEIT

Die auf der folgenden Doppelseite vorgestellten Arten passen hervorragend zusammen, insbesondere, wenn man sie mit Gräsern mischt. Gut eignet sich unter anderem Östliches Wimper-Perlgras (*Melica ciliata*), dessen weiße Ähren im Sommer federleicht zwischen den Blütenstauden tanzen. Die weinroten Blütenköpfchen der unermüdlich blühenden Witwenblume (*Knautia macedonica*) bilden einen schönen Kontrast zu den pastellfarbigen Blüten der Ballonblume (*Platycodon grandiflorus*) und den lieblichen Körbchenblüten der Schönaster (*Kalimeris incisa*). Letztere ist eine überaus lange blühende, dankbare Staude, die erstaunlicherweise noch kaum bekannt ist und deshalb leider viel zu selten gepflanzt wird. Besonders schön sieht es übrigens aus, wenn Sie von der Ballonblume nicht nur die übliche blau blühende Form pflanzen, sondern diese mit weiß und zartrosa blühenden Sorten mischen, etwa 'Fuji White', 'Album' und 'Fuji Pink'. Dann entsteht eine wirklich abwechslungsreiche Pflanzung mit einer anmutigen, rundum stimmigen Atmosphäre.

PASTELLFARBENE BLÜTEN

Zartes Blau, sanftes Rosa und luftiges Weiß – pastellfarbene Töne wirken harmonisch und beruhigend. Damit aber ein Beet in Pastelltönen nicht zu reizlos erscheint, sollten Sie als Akzente auch Blüten mit kräftigeren Variationen dieser Farben untermischen, wie beispielsweise purpurrote Witwenblumen.

Platycodon grandiflorus

Großblütige Ballonblume

AUSSEHEN: Eine gedrungene, Gruppen bildende Staude, die spät austreibt und eilanzettliche, bis 8 cm lange Blätter mit gezähntem Rand trägt. Im Juli und August erscheinen an dünnen Stängeln ballonartig aufgeblasene Knospen, die sich zu leuchtend blauen, sternförmigen, 5 cm breiten, glockenblumenähnlichen Blüten öffnen. Die Kelchblätter sind weit nach hinten zurückgeschlagen. Die Pflanze wird bis 50 cm hoch und 30 cm breit.

STANDORT: Sonnig in nährstoffreichem, tiefgründigem, nur mäßig feuchtem, gut durchlässigem Boden.

PFLEGE: Markieren Sie die Pflanzstelle, damit die spät austreibenden Triebknospen der Staude im Frühjahr nicht bei Pflegearbeiten beschädigt werden. Die Stauden mögen es nicht, wenn sie öfter verpflanzt werden.

VERMEHRUNG: Durch Aussaat im Frühjahr oder grundständige Stecklinge. Das Teilen gelingt nur selten erfolgreich.

KOMBINATION: In locker gepflanzten Staudenbeeten passt die Ballonblume zu Gräsern, etwa Mexikanischem Federgras (*Nassella tenuissima*) sowie zu Präriestauden wie Schönaster (*Kalimeris*). Pro m² benötigt man 6–11 Pflanzen.

ALTERNATIVE: Auf feuchteren Böden und an halbschattigen Standorten können Sie mit Pfirsichblättriger Glockenblume (*Campanula persicifolia*) eine vergleichbare Wirkung erzielen.

Kalimeris incisa

Schönaster

AUSSEHEN: Die auch unter dem Namen *K. integrifolia* gehandelte, aufrecht und buschig wachsende, Horste bildende Staude wurde früher zur Gattung *Aster* gezählt. Sie hat lanzettliche, bis 7 cm lange und am Rand gezähnte Blätter. Von Juni bis September erscheinen an lockeren, verzweigten Schirmrispen hellviolette oder weiße Körbchenblüten. Die Röhrenblüten in der Mitte sind stets gelb. Die Pflanze wird bis 60 cm hoch und 30 cm breit.

STANDORT: Sonnig, bis halbschattig in nährstoffreichem, durchlässigem Boden.

PFLEGE: Für einen kompakten Wuchs Jungpflanzen entspitzen. Etwas Mehltau-anfällig.

VERMEHRUNG: Durch Teilen im Frühjahr oder Stecklinge im Sommer.

KOMBINATION: Schön wirkt dieser Dauerblüher zusammen mit Japanischem Lampenputzergras (*Pennisetum alopecuroides*), hohen Fetthennen (z.B. *Sedum*-Hybride 'Karfunkelstein') und Kandelaber-Ehrenpreis (*Veronicastrum virginicum*). Pro m² benötigt man 3 Pflanzen.

ALTERNATIVE: Die Weiße Wald-Aster (*Aster divaricatus*) hat einen ähnlichen Wuchs und weiße Blüten, verträgt aber Trockenheit und Schatten. Sie blüht von Juli bis September.

Knautia macedonica

Knautie, Witwenblume

AUSSEHEN: Die Horste bildende Staude hat schmal lanzettliche, fiederspaltige, bis 8 cm lange Grundblätter und 2–3 cm kurze, fein gefiederte Stängelblättchen. Von Juli bis September erscheinen an verzweigten Stängeln weinrote, bis 3 cm breite Blütenköpfchen. Die Pflanze wird bis 80 cm hoch und 45 cm breit.

STANDORT: Sonnig in mäßig nährstoffreichem, gut durchlässigem Boden.

PFLEGE: Eine unkomplizierte Staude, die vor allem reichlich Sonne braucht. Wenn Sie abgeblühte Blütenköpfchen entfernen, regt dies eine weitere Blütenbildung an.

VERMEHRUNG: Durch Aussaat im Frühjahr (die Samen brauchen vorher eine Kälteperiode von +5 °C) oder grundständige Stecklinge im Sommer.

KOMBINATION: Ein unkomplizierter Dauerblüher für naturnahe Staudenbeete und Wildblumenwiesen. Schön auch als Rosenbegleiter zu hell blühenden Rosen-Sorten. Pro m² benötigt man 6 Pflanzen.

ALTERNATIVE: Ähnlich aussehende, etwas größere Blüten, aber in Weiß, Rosa oder Blauviolett haben – bei gleichen Standortvorlieben – Skabiosen, etwa die Große Skabiose (*Scabiosa caucasica*).

BEETE MIT MEDITERRANER ANMUTUNG

Die Landschaft rund um das Mittelmeer ist ein Sehnsuchtsgebiet für alle, die in Ländern leben, in denen die Sonne weniger häufig scheint und wo der Winter gefühlte sechs Monate dauert. Umso lieber holt man sich nördlich der Alpen das Flair mediterraner Flora in den Garten, um wenigstens beim Betrachten von üppigen Hibiskus- und Bougainvilleen-Blüten vom endlosen Sommer zu träumen. Doch mit den üppigen Blüten ist das so eine Sache – tatsächlich blüht es in mediterranen Gefilden weit weniger verschwenderisch als beispielsweise auf den Britischen Inseln. Und Hibiskus stammt, genauso wie die Bougainvilleen, aus den Tropen. Durch die klimatischen Verhältnisse in den Ländern rund ums Mittelmeer haben sich die Pflanzen an Hitze, Trockenheit und sengende Mittagssonne angepasst. Und da würden üppige Blüten viel zu rasch welken. Charakteristisch für die mediterrane Flora sind vielmehr Pflanzen, die sich durch graue, flaumig behaarte oder mit einer wachsartigen Schicht überzogene Blätter vor starker Verdunstung schützen, etwa Lavendel, Heiligenkraut (*Santolina*), Salbei (*Salvia*) oder Currykraut (*Helichrysum plicatum*). Statt opulenter Blüten findet man bei diesen Sonnenanbetern eher kleine, aber intensiv duftende Blüten und oft auch aromatisch riechendes Laub.

KIESGÄRTEN

Wer die mediterrane Flora liebt, für den ist vielleicht das Konzept des Kiesgartens interessant. Diese Form der Gestaltung geht auf die englische Gärtnerin Beth Chatto zurück, die auf einem sonnigen Grundstück, einem ehemaligen Parkplatz ihrer Gärtnerei, mit einem von Kies und Sand durchsetzten Boden einen attraktiven Garten gestalten wollte. Keine idealen Voraussetzungen für Gartenexperimente. Aber sie machte aus der Not kurzerhand eine Tugend und legte Anfang der 1990er-Jahre ebendort ihren ersten Kiesgarten an. Sie wählte für die Bepflanzung vor allem Arten aus, die zu den trockenen Bedingungen des Geländes passen. Darunter befinden sich viele mediterrane, aber ausreichend frostharte Arten wie Steppen-Wolfsmilch (*Euphorbia seguieriana* subsp. *niciciana*) und Palisaden-Wolfsmilch (*E. characias* subsp. *wulfenii*), Arten der Fetthenne (*Sedum*) oder Brandkraut (*Phlomis*). Hinzu kamen verschiedene robuste Gräser sowie silber- und graulaubige Pflanzen, etwa Königskerzen (*Verbascum*), Wermut (*Artemisia*) und Woll-Ziest (*Stachys byzantina*).

Halbsträucher wie Brandkraut (hier: *Phlomis fruticosa*) eignen sich hervorragend für die Bepflanzung von Kiesgärten.

Kiesgärten beeindrucken vor allem durch ihr raffiniertes Spiel mit Licht und Schatten, das eine mediterrane Stimmung erzeugt.

PARALLELEN ZU ANDEREN STILEN

Das Konzept des Kiesgartens entstand etwa zur gleichen Zeit wie die Gartenstile von New German Style, Dutch Wave und New American Garden. Beim Kiesgarten kommt es jedoch vor allem darauf an, dass die Pflanzen Trockenperioden ohne künstliche Bewässerung überstehen. Außerdem ist die Bepflanzung weniger auf die Fernwirkung ausgerichtet als etwa beim New German Style. Obwohl Kiesgärten etwas anders konzipiert sind als die flächigen, naturnahen Pflanzungen der neuen Gartenstile, haben sie dennoch vieles gemeinsam. Auch im Kiesgarten kommt es auf die standortgerechte Verwendung von Pflanzen an. Auch hier werden statt hochgezüchteter Kulturvarietäten solche Sorten bevorzugt, die nahe an der Stammform sind. Sie sind von Natur aus robuster. Die Pflanzung wirkt dadurch weniger künstlich. Zu einem Kiesgarten mit mediterranem Flair passt es übrigens, wenn die Bepflanzung nicht zu dicht ist, die Wege nicht schnurgerade verlaufen und auch nicht streng von den Beeten abgegrenzt sind.

STAUDEN MIT SÜDLÄNDISCHEM FLAIR

Viele mediterrane Stauden haben ein etwas herbes Flair – kein Wunder, denn sie müssen sich gegen pralle Sonne, Hitze und Trockenheit behaupten. Statt mit üppiger Blütenpracht überraschen sie dafür oft mit aromatischen Düften!

Eryngium giganteum

Elfenbein-Mannstreu

AUSSEHEN: Eine Rosetten bildende, kurzlebige Staude mit einer kräftigen Pfahlwurzel. Die herzförmigen, mittelgrünen, bis 15 cm langen Grundblätter sind gezähnt, die Stängelblätter gebuchtet oder gezähnt und am Rand bestachelt. Im Juli und August erscheinen verzweigte Blütenstände mit zylindrischen, bis 6 cm langen Dolden, die von eiförmigen, gezähnten Hochblättern umgeben sind. Die an den Kolben stehenden, kleinen Einzelblüten sind zunächst silbrig blau, später silbergrau. Die Pflanze wird 90 cm hoch und 30 cm breit.

STANDORT: Vollsonnig in mäßig nährstoffreichem, kalkhaltigem, gut durchlässigem Boden.

PFLEGE: Schützen Sie die Pflanze im Winter vor stauender Nässe. Mäuse haben die fleischige Pfahlwurzel zum Fressen gern, Schnecken lieben die jungen Triebe.

VERMEHRUNG: Durch Aussaat an Ort und Stelle oder durch Teilen im Frühjahr. Geteilte Pflanzen wachsen jedoch nur schlecht wieder an.

KOMBINATION: Eine wertvolle und lange blühende Strukturpflanze für Staudenbeete und Kiesgärten. Sie passt gut zu allen Rosa- und Blautönen sowie zu silberlaubigen Stauden. Pro m² benötigt man 4 Pflanzen.

ALTERNATIVE: Obwohl es zu dieser markanten Staude eigentlich keine Alternative gibt, können Sie es an halbschattigen Standorten und in feuchteren Böden mit der Kugeldistel (*Echinops ritro*) versuchen. Sie ist anpassungsfähiger als Mannstreu-Arten, hat aber eine ähnliche optische Wirkung.

Perovskia atriplicifolia

Silber-Perowskie, Blauraute

AUSSEHEN: Eine auch als Silberstrauch bekannte, halbstrauchig, buschig und aufrecht wachsende Pflanze. An grauweißen Sprossen stehen eiformige, gesägte, bis 5 cm lange, graugrüne Laubblätter. Von Juni bis September erscheinen in bis zu 30 cm langen Trauben kleine, röhrenförmige, blauviolette Blüten. Die Pflanze wird 120 cm hoch und 100 cm breit.

STANDORT: Sonnig in mäßig feuchtem bis trockenem, nährstoffarmem, gut durchlässigem Boden.

PFLEGE: Geben Sie der etwas frostempfindlichen Pflanze in rauen Lagen einen Winterschutz. Ein kräftiger Rückschnitt im Frühjahr sorgt für einen buschigen Austrieb. Die Pflanzen brauchen meist eine Stütze.

VERMEHRUNG: Durch Stecklinge von halb verholzten, nicht blühenden Trieben im Frühsommer.

KOMBINATION: Die Blauraute passt gut in Kies- und Steppengärten. Wegen ihrer Anspruchslosigkeit eignet sich diese Staude auch für Gärten in extremen Lagen, etwa an Küsten und trockenen Hängen. Pro m² benötigt man 1 Pflanze.

ALTERNATIVE: In kleinerem Maßstab erzielen Sie mit Lavendel (*Lavandula*) eine vergleichbare Wirkung.

Clinopodium nepeta subsp. *nepeta*

Kleinblütige Bergminze

AUSSEHEN: Die auch unter dem alten Namen *Calamintha nepeta* im Handel zu findende buschig wachsende Staude hat dunkelgrüne, ovale, am Rand gesägte, 2–3 cm große Blätter. Von Juli bis September erscheinen in den Blattachseln hell malvenfarbene, 1 cm große Lippenblüten. Das Laub verströmt bei Berührung ein leichtes Minze-Aroma. Die Pflanze wird 40 cm hoch und 50 cm breit.

STANDORT: Sonnig bis halbschattig in nicht zu trockenem, aber gut durchlässigem Boden.

PFLEGE: Äußerst pflegeleicht, aber etwas anfällig für Mehltau.

VERMEHRUNG: Durch Teilen im Frühjahr oder Stecklinge im Frühsommer. Meist säen sich die Pflanzen aber selbst aus.

KOMBINATION: Gut für Präriebeete geeignet, aber auch schön als dauerblühende Einfassungspflanze sowie als charmanter Rosenbegleiter und im Kräutergarten. Pro m² benötigt man 8 Pflanzen.

ALTERNATIVE: An vollsonnigen, trockenen Standorten können Sie mit dem immergrünen Winter-Bohnenkraut (*Satureja montana*) eine ähnliche Wirkung erzielen – und Ihre Speisen damit würzen.

Ausdrucksstarke Komposition mit Scheinsonnenhut 'Hot Papaya'(*Echinacea*), Fackellilien (*Kniphofia*), Schafgarbe (*Achillea)* und verschiedenen Gräsern.

FEURIGE FARBEN

In Großbritannien werden mit rot und orangegelb blühenden Gewächsen bepflanzte Rabatten als „Hot Borders" bezeichnet, also als „Heiße Rabatten". Sie bringen das sonst so sprichwörtlich kühle Blut der Briten gehörig in Wallung. Ein Meister dieser Art der Beetgestaltung war der Gartenfreund und -schriftsteller Christopher Lloyd (1921–2006). Auf seinem Anwesen Great Dixter, das inzwischen eine Stiftung ist, pflegt man diese Kunst nach wie vor mit Leidenschaft. Wenn auch für viele Gärtner hierzulande harmonische Farbverläufe in delikaten Tönen als höchste Kunst der Beetgestaltung gelten, so können sich doch auch „auf dem Kontinent", also in Mitteleuropa, immer mehr Gartenfreunde für heftige Farben und kräftige Kontraste im Beet erwärmen. Insbesondere in den Sommermonaten wirken reine, kräftige Farben oft überzeugender und frischer als Pastelltöne. Warum also nicht mal ein „Hot Border" anlegen? Schließlich gibt es unzählig viele in leuchtenden, warmen Farbtönen blühende Stauden für feurige Beetkompositionen.

FLAMMENBLUME UND FACKELLILIE

Manche Blütenschönheiten tragen die Glut schon in ihrem Namen, so etwa der auch als Flammenblume bekannte Stauden-Phlox (*Phlox paniculata*), gelborange lodernde Fackellilien (*Kniphofia*) oder die in teuflischem Orangerot blühende Montbretien-Hybride 'Luzifer'. Wäre es nicht in der Tat ein höllisches Vergnügen, mal eine ganze Rabatte in feurigen Rot- und Orangetönen zu bepflanzen? Wenn Sie robuste, langlebige Stauden in verschiedenen Rot- und Orangetönen großzügig mit Gräsern wie beispielsweise Echter Rutenhirse (*Panicum virgatum*) kombinieren, entsteht ein farblich wirklich temperamentvolles Beet. Gut eigenen sich dafür Arten mit langer Blütezeit, etwa Scharlach-Indianernessel (*Monarda didyma*), Kerzen-Wiesenknöterich (*Bistorta amplexicaulis*), Roter Scheinsonnenhut (*Echinacea purpurea*) und rot blühende Sonnenbraut-Sorten (u. a. die *Helenium*-Hybride 'Indianersommer').

GRÜNES UND ROTES LAUB

Das grüne Laub der meisten Gartenpflanzen kontrastiert hervorragend mit feurigen Blütenfarben. Aber es gibt auch viele Stauden, die rötliches oder purpurbraunes Laub haben. So etwa die ungefüllte Dahlien-Sorte 'Bishop of Llandaff', rotlaubige Blumen-Fetthenne (beispielsweise die *Sedum*-Hybride 'Karfunkelstein') oder der braunrot belaubte Wasserdost (*Eupatorium album* 'Chocolate'). Nicht nur dem Namen nach ein echter Kracher im Beet ist die Sorte 'Firecracker' des Bewimperten Felberichs (*Lysimachia ciliata*). Die schwefelgelben Blüten bilden einen spritzigen Kontrast zum braunroten Laub der Staude. Und denken Sie daran: Ein eindrucksvolles „Hot Border" besteht nicht nur aus Stauden. Gehölze wie die dunkellaubige Sorte 'Diavolo' der Blasenspiere (*Physocarpus opulifolius*), die rotlaubige Sorte 'Royal Purple' des Perückenstrauchs (*Cotinus coggygria*) und die purpurfarben belaubten Sorten des Schwarzen Holunders (*Sambucus nigra*), etwa 'Guincho Purple' oder 'Black Beauty', können ihren Teil zum feurigen Erscheinungsbild beitragen. Setzen Sie die mittelhoch wachsenden Gehölze entweder in den Beethintergrund oder direkt in die Rabatte. Durch einen beherzten Rückschnitt etwa alle fünf Jahre (sogenanntes „Coppicing", siehe auch Seite 46) sorgen Sie dafür, dass die Gehölze verbuschen und zahlreiche Triebe mit attraktivem Laub bilden.

Von der Sonnenbraut (*Helenium*) gibt es zahlreiche Hybridsorten in feurigen Farben.

ROTE LEIDENSCHAFTEN

Die Auswahl an rot und orange blühenden Stauden ist beinahe unerschöpflich, aber auch rotlaubige Arten sorgen für Farbe. Wählen Sie für eine pflegeleichte Bepflanzung vor allem robuste, langlebige Arten und Sorten mit langer Blütezeit aus, damit Sie ausgiebige Freude an Ihrem „Hot Border" haben!

Lysimachia ciliata 'Firecracker'

Bewimperter Felberich

AUSSEHEN: Eine aufrechte, Rhizome bildende Staude, die kompakte Kolonien entwickelt. Die schlanken Stängel tragen lanzettliche bis ovale, bis 15 cm lange, behaarte Blätter. Bei der Sorte 'Firecracker' ist das Laub dunkelrot. Von Juni bis August öffnen sich in den Blattachseln der oberen Triebe einzeln oder in kleinen Büscheln stehende, leuchtend gelbe, 2,5 cm große Blüten. Die Pflanze wird 80 cm hoch und 60 cm breit.

STANDORT: Sonnig bis halbschattig in humosem, feuchtem, aber durchlässigem Boden.

PFLEGE: Sehr pflegeleicht, allerdings darf der Boden im Sommer nicht austrocknen.

VERMEHRUNG: Durch Teilen im Frühjahr oder Herbst.

KOMBINATION: Sowohl die Art als auch die Sorte 'Firecracker' eignen sich hervorragend für Staudenbeete und Rabatten. Gut passen dazu gelbe und orangerote Taglilien (*Hemerocallis*) sowie Goldkolben (*Ligularia stenocephala*). Pro m² benötigt man 6 Pflanzen.

ALTERNATIVE: An sonnigen, trockenen Standorten erzielen Sie mit purpurlaubiger Fetthenne (z. B. *Sedum*-Hybride 'Karfunkelstein') eine ähnliche Wirkung, allerdings ohne die schwefelgelben Blütenakzente.

Helenium-Hybride 'Indianersommer'

Sonnenbraut

AUSSEHEN: Eine aufrechte, Horste bildende Staude mit lanzettlichen, dunkelgrünen, 10–15 cm langen Laubblättern. Der obere Teil der Sprosse verzweigt sich und von Ende Juli bis September erscheinen 5–7 cm breite Körbchenblüten. Die Sorte 'Indianersommer' hat braunrote, zu gelborange verblassende Strahlenblüten und braune Röhrenblüten. Die Pflanze wird 100 cm hoch und 60 cm breit.

STANDORT: Sonnig in mäßig feuchtem, nährstoffreichem, durchlässigem Boden.

PFLEGE: Hohe Sorten brauchen eine Stütze. Um die Blühfreude zu erhalten, sollten Sie die Staude alle 3–4 Jahre teilen und dadurch verjüngen.

VERMEHRUNG: Durch Teilen im Frühjahr und Herbst.

KOMBINATION: In Gruppen wirkt die Staude am schönsten. Gut geeignet für Beete und Rabatten, insbesondere in Kombination mit Gräsern und anderen Präriestauden. Pro m² benötigt man 3 Pflanzen.

ALTERNATIVE: Bei gleichen Standortvorlieben sind Sorten der Großblumigen Kokardenblume (*Gaillardia × grandiflora*) eine gute, aber mit einer Wuchshöhe von nur 35–75 cm weniger hoch wachsende Alternative.

Bistorta amplexicaulis

Kerzen-Wiesenknöterich

AUSSEHEN: Eine früher auch unter den botanischen Namen *Polygonum amplexicaule* und *Persicaria amplexicaulis* gehandelte, Gruppen bildende Staude mit eilanzettlichen, bis 25 cm langen, spitzen, mittelgrünen Blättern, die oberseits auffällig geadert, unterseits flaumig behaart sind. Ab Juli/August erscheinen bis zum ersten Frost zahlreiche kräftige, verzweigte Stängel, an deren oberem Ende etwa 10 cm lange, kolbenförmige Blütenstände (ährige Rispen) mit kleinen, roten, violetten oder weißen Blüten stehen. Die Pflanze wird 120–150 cm hoch und breit.

STANDORT: Sonnig bis halbschattig in feuchtem bis sehr feuchtem, tiefgründigem, nährstoffreichem Boden.

PFLEGE: Gießen Sie die Pflanze bei sommerlicher Trockenheit.

VERMEHRUNG: Durch Teilen oder Aussaat im Frühjahr.

KOMBINATION: Die Staude besitzt einen ausgeprägten Wildcharakter und passt gut an den Rand von Gewässern. Am schönsten wirkt Kerzen-Wiesenknöterich in großen Gruppen. Als unkomplizierter Pflanzpartner eignet sich Echte Ruten-Hirse (*Panicum virgatum*). Pro m² benötigt man 1–3 Pflanzen.

ALTERNATIVE: An trockenen Standorten können Sie mit den violetten Blütenkerzen von Prachtscharte (*Liatris spicata*) ähnlich markante vertikale Akzente setzen.

WILDE PRÄRIE IM HAUSGARTEN

Präriebeete faszinieren durch ihre natürliche Ausstrahlung und ihre Leichtigkeit. Charakteristische Pflanzen für diese Art der Beetgestaltung sind mehrjährige Gräser sowie Präriestauden wie Nickender Präriesonnenhut (*Ratibida pinnata*), Knollige Seidenpflanze (*Asclepias tuberosa*), Prachtscharte (*Liatris spicata*) und Gelber Scheinsonnenhut (*Echinacea paradoxa*). Diese nordamerikanischen Wildarten sind im Vergleich zu konventionellen Gartenstauden robust und pflegeleicht. Warum sollte man sie also nicht auch in unseren Hausgärten einsetzen? Keine Angst, Sie holen sich mit einem Präriebeet keine achtlos gepflanzte, struppige Wildnis in den Garten. Vielmehr können Sie mit einer Mischung aus Präriestauden und Gräsern eine artenreiche und farbenfrohe Pflanzung erschaffen, die sich selbst reguliert und regeneriert. Denn viele der Wildstauden versamen sich oder bilden mit den Jahren immer prächtigere Horste.

PRÄRIE BRAUCHT SONNE

Wählen Sie für ein Präriebeet immer den sonnigsten, wärmsten Platz im Garten aus. Der Boden muss nicht besonders fruchtbar sein. Ob er trocken oder etwas feuchter ist, spielt keine Rolle, denn es gibt geeignete Pflanzen für beide Bodenarten. Nur gut durchlässig muss er sein. Übrigens ist es nicht die Auswahl der Pflanzenarten allein, die einen Präriegarten ausmacht. Das Grundprinzip ist die Dynamik. Die Pflanzen dürfen, ja sollen sogar durch das Beet wandern. Einige werden sich mit der Zeit stark ausbreiten und können bei Bedarf durch Jäten der Sämlinge oder Teilen der Horste dezimiert werden. Andere verschwinden vielleicht schon bald wieder, weil ihnen der Standort nicht zusagt.

Gelber Scheinsonnenhut (*Echinacea paradoxa*) ist eine charakteristische Präriestaude aus Nordamerika.

Sie können die Pflanzen an Ort und Stelle aussäen, was aber in den ersten Jahren mehr Kontrolle, Pflege und Geduld erfordert. Letzteres gilt zwar als die höchste Gärtnertugend. Aber warum abwarten, wenn es auch schneller und einfacher geht? Ich empfehle Ihnen daher, vorgezogene Pflanzen aus dem Fachhandel zu verwenden. So können Sie schon im ersten Jahr nach der Pflanzung ihren Blick über ein kleines Stück eigener Prärie schweifen lassen!

BUNT GEMISCHT ODER IN DRIFTEN

Formelle Strukturen gibt es in einem Präriebeet nicht. Setzen Sie die Pflanzen deshalb entweder gemischt, also alle Arten bunt durcheinander. Oder verwenden Sie sie in blockartiger Anordnung, also in Tuffs oder länglichen Driften. Vermeiden Sie dabei die sonst übliche Höhenstaffelung für Staudenbeete (niedrige Arten nach vorn, höhere nach hinten). Charakteristisch für ein Präriebeet ist ein großzügiges Auf und Ab, also eine in der Übersicht wellenförmige Wirkung der Pflanzung. Damit sich das Präriebeet dynamisch entwickeln kann, verwenden Sie nicht mehr als drei bis fünf Pflanzen pro Quadratmeter. Keine Sorge: Auch wenn das Beet anfangs noch etwas kahl wirkt, schon im zweiten Jahr schließen sich die Lücken! Denken Sie beim Zusammenstellen der Arten auch daran, dass eine Prärie zu zwei Dritteln aus Gräsern besteht. Wenn Sie es aber bunter mögen, dann können Sie das Verhältnis von Gräsern zu Stauden auch verändern. Und vergessen Sie nicht, Blumenzwiebeln wie Zierlauch (*Allium*), Prärielilien (*Camassia*) und Blaue Triteleie (*Triteleia laxa*) in die Komposition einzubeziehen. Sie sorgen, insbesondere im Frühjahr und Frühsommer, für Farbe im Beet.

PRÄRIESTAUDEN

BEI PRÄRIESTAUDEN HANDELT ES SICH IN DEN MEISTEN FÄLLEN UM ZÜCHTERISCH NICHT BEARBEITETE WILDPFLANZEN AUS NORDAMERIKA. AM SCHÖNSTEN WIRKEN SIE, WENN SIE BUNT GEMISCHT MIT GRÄSERN ZUSAMMEN GEPFLANZT WERDEN.

Ratibida pinnata

Nickender Präriesonnenhut

AUSSEHEN: Eine aufrechte Staude, die manchmal auch als Ein- oder Zweijährige kultiviert wird. An schlanken Stängeln mit vertikalen Riefen stehen bis 12 cm lange, lanzettliche, bläulich grüne Blätter mit gesägtem Rand. Von Juli bis Oktober erscheinen an den Enden verzweigter Stängel lang gestielte, bis 12 cm breite Blüten mit gelben Zungenblüten und rotbraunen Röhrenblüten auf einem kolbenförmigen Köpfchen. Die Pflanze wird 120 cm hoch und 45 cm breit.

STANDORT: Sonnig in kalkarmem, mäßig nährstoffreichem, trockenem bis feuchtem, gut durchlässigem Boden.

PFLEGE: Pflanzen Sie die Stauden relativ dicht nebeneinander, damit sie sich gegenseitig stützen. Ein Rückschnitt im Spätherbst ist empfehlenswert.

VERMEHRUNG: Durch Teilen im Frühjahr oder Aussaat im Frühjahr oder Herbst.

KOMBINATION: Eine ideale, wenn auch meist kurzlebige, dafür aber sich selbst aussäende Füllpflanze für Präriebeete. Sie eignet sich auch für Kombinationen mit hohen Stauden für feuchte Standorte, etwa Eisenhut (*Aconitum*). Pro m² benötigt man 10 Pflanzen.

ALTERNATIVE: Kompakter bleibt die verwandte, etwa 80 cm hohe Art *Ratibida columnifera*. Mit nur 60 cm Wuchshöhe ebenfalls kompakt, dafür aber deutlich langlebiger, ist Leuchtender Sonnenhut (*Rudbeckia fulgida* var. *sullivantii* 'Goldsturm').

Liatris spicata

Ährige Prachtscharte

AUSSEHEN: Eine Staude mit schmal länglichen Blättern in grundständigen Büscheln. Von Juli bis September erhebt sich aus dem Blattschopf eine kolbenförmige Ähre, an der kleine, körbchenförmige, lilarosafarbene Blüten sitzen. Die Ähren blühen von oben nach unten auf. Die knollenförmige Wurzeln bildende Pflanze wird bis 80 cm hoch und 45 cm breit.

STANDORT: Sonnig in mäßig fruchtbarem, gut durchlässigem Boden.

PFLEGE: Düngen Sie die Pflanzen im Frühjahr, das steigert die Blühfreude.

VERMEHRUNG: Durch Aussaat im Herbst oder Teilen im Frühjahr.

KOMBINATION: Verwenden Sie die Staude immer in größerer Stückzahl, denn bei Einzelpflanzen verpufft die Wirkung. Pro m^2 benötigt man 16 Pflanzen.

ALTERNATIVE: Für feuchtere Standorte, auch im Halbschatten, können Sie mit Kerzen-Wiesenknöterich (*Bistorta amplexicaulis*) ebenfalls farbintensive, vertikale Akzente setzen. Farblich und im Habitus ganz ähnlich, aber für feuchtere Standorte geeignet ist Blut-Weiderich (*Lythrum salicaria*).

Asclepias tuberosa

Knollige Seidenpflanze

AUSSEHEN: Eine knollige, Horste bildende Staude mit seidig behaarten Trieben. Die Blätter sind lanzettlich, hell- bis mittelgrün und bis 15 cm lang. Von Juni bis August erscheinen in 5 cm breiten Dolden angeordnete, orangefarbene, duftende Sternblüten, auf die balgförmige, schmale, längliche Früchte an nickenden Stielen folgen. Die Samen besitzen einen seidigen, weißen Haarschopf (daher der Name der Staude). Der Pflanzensaft ist giftig, daher sollten Sie Hautkontakt vermeiden. Die Pflanze wird 50 cm hoch und 30 cm breit.

STANDORT: Sonnig auf neutralem, auch trockenem, gut durchlässigem Boden.

PFLEGE: Ein Winterschutz ist bei dieser Pflanze empfehlenswert.

VERMEHRUNG: Durch Aussaat oder Teilen im Frühjahr.

KOMBINATION: Die nordamerikanische Wildstaude eignet sich für Wildblumengärten und Rabatten, insbesondere Präriebeete. Kombinieren Sie diese interessante Staude mit anderen Präriepflanzen, etwa Sonnenhut (*Rudbeckia*) und Scheinsonnenhut (*Echinacea*-Arten), Prachtscharte (*Liatris spicata*) und Gräsern wie z. B. Echte Rutenhirse (*Panicum virgatum*). Pro m^2 benötigt man 4 Pflanzen.

ALTERNATIVE: An halbschattigen, feuchten Standorten können Sie mit Himalaya-Wolfsmilch (*Euphorbia griffithii*) eine vergleichbare Wirkung erzielen. Diese Staude wird jedoch etwas höher und breiter und blüht von Mai bis Juni.

NEUE ECHINACEA-SORTEN

In den letzten Jahren wurden zahlreiche schöne Sorten des Scheinsonnenhuts (*Echinacea purpurea*) eingeführt, was bei manchen Gartenfreunden zu einer regelrechten *Echinacea*-Sucht geführt hat. Viele der neuen Sorten sind Hybriden und tragen verheißungsvolle Namen. Sie haben die gleichen Standortansprüche wie die eigentliche Art. Da einige Sorten recht kurzlebig sind, eignen sie sich für die dauerhafte Bepflanzung einer Rabatte nur bedingt. Sie können aber, insbesondere durch ihre lange Blütezeit von Juli bis Ende September, einen schönen Blickfang im Beet bilden.

Echinacea-Hybride

Roter Scheinsonnenhut 'Baby Swan White'

Eine bis 50 cm hohe, Horste bildende, reinweiße Sorte mit grünlich braunen, kegelförmig angeordneten Röhrenblüten, die sehr standfest, winterhart und ausdauernd ist.

Echinacea-Hybride

Roter Scheinsonnenhut 'Hot Papaya'

Die ungewöhnlichen Blüten mit dem puscheligen Kegel erblühen in leuchtendem Orange und verblühen in intensivem Erdbeerrot. Die Horste bildende, aber nicht sehr standfeste Sorte wird bis 90 cm hoch.

Echinacea-Hybride

Roter Scheinsonnenhut 'Hot Lava'

Die straff aufrecht wachsende, bis 80 cm hohe, Horste bildende und recht ausdauernde Sorte hat tieforangefarbene Strahlenblüten mit einem braunroten, relativ flachen Kegel in der Mitte.

Echinacea-Hybride

Roter Scheinsonnenhut 'Sundown'

Eine standfeste, Horste bildende und recht ausdauernde Hybride des Züchters Evan Saul mit tieforangefarbenen Strahlenblüten und einem relativ flachen, kupferfarbenen Kegel. Wuchshöhe: bis 80 cm.

Echinacea-Hybride

Roter Scheinsonnenhut 'Sunrise'

Eine zartgelb blühende, Horste bildende Sorte des Züchters Evan Saul mit einer eher flachen Blütenmitte, die erst grün, später gelb gefärbt ist. Die standfeste Sorte wird bis 80 cm hoch.

Echinacea-Hybride

Roter Scheinsonnenhut 'Virgin'

Eine elegante, nur etwa 60 cm hoch wachsende, Horste bildende Staude mit weißen Strahlenblüten und grüner Mitte. Die Blütenform ist im aufgeblühten Stadium perfekt waagerecht.

Echinacea-Hybride

Roter Scheinsonnenhut 'White Swan'

Eine sehr standfeste, eher niedrige, Horste bildende Sorte mit proportional relativ großem, grün-orangegelbem Kegel. Wuchshöhe: 60–80 cm.

FARBEN UND BLÜTEN AM GEHÖLZRAND

Wer behauptet, dass am Rand von Gehölzpflanzungen keine aparten Blütenpflanzen gedeihen können? In Wirklichkeit gibt es zahlreiche schöne Stauden, die sowohl mit der Konkurrenz von Gehölzen als auch mit halbschattigen und schattigen Standorten gut zurechtkommen. Gerade im Frühjahr, wenn die Laubbäume noch kahl sind, gelangt genügend Licht auf den Boden, um Stauden zum Blühen zu ermutigen. An erster Stelle sind natürlich die einheimischen Zwiebel- und Knollenpflanzen wie Schneeglöckchen (*Galanthus*), Frühlings-Knotenblumen (*Leucojum vernum*) und Maiglöckchen (*Convallaria majalis*) zu nennen. Auch Lungenkraut (*Pulmonaria*-Arten), Leberblümchen (*Hepatica nobilis*), Kaukasus-Vergissmeinnicht (*Brunnera macrophylla*) und andere Frühjahrsblüher nutzen die Zeit vor dem Laubaustrieb der Bäume, um genug Licht für ihren großen Auftritt einzufangen.

Doch im Schutz von Gehölzen fühlen sich auch andere Stauden wohl und treiben dort die schönsten Blüten. Dazu gehören beispielsweise Eisenhut-Arten (*Aconitum*) mit ihren indigoblauen Blüten, Salomonssiegel (*Polygonatum*), Akeleien (*Aquilegia*) sowie einige Storchschnabel-Arten, wie der Felsen-Storchschnabel (*Geranium macrorrhizum*). Bei einer modernen, naturnahen Beetgestaltung spielen diese Stauden eine nicht zu unterschätzende Rolle.

SUBTILE BLÜTENSCHÄTZE

Darüber hinaus gibt es noch zahlreiche weitere Stauden, die am Gehölzrand gedeihen und nicht mit apartem Blütenschmuck geizen. Einige bringen spektakuläre Blüten hervor, etwa Fingerhut (*Digitalis*-Arten) und Wald-Glockenblume (*Campanula latifolia*), andere bezaubern mit eher subtiler Blütenschönheit. Zu Letzteren gehören Arten des Dreiblatts, auch Dreizipfel-Lilien genannt (*Trillium*-Arten), die im Frühjahr und Sommer blühen. Nicht zu vergessen die Familie der Veilchen (*Viola*). Diese dezenten, aber umso liebenswerteren Frühlingsstauden betören die Sinne mit ihren kleinen, bei manchen Arten, etwa dem Wohlriechendem Veilchen (*Viola odorata*), würzig duftenden Blüten.

Auch Bergenien (*Bergenia*-Arten und -Hybriden) sind langlebige, robuste und in der Regel immergrüne Stauden für den Gehölzrand. Die meisten Vertreter dieser Gattung blühen einmal im zeitigen bis mittleren Frühjahr. Die *Bergenia*-Hybride 'Herbstblüte' überrascht jedoch am Ende des Sommers mit einer zweiten Blüte.

Ein Geheimtipp für den Gehölzrand ist übrigens der Oktober-Steinbrech (*Saxifragia cortusifolia*). Die laubwerfende, Rosetten bildende, bis 30 cm hohe Staude hat nierenförmige Blätter und von August bis Oktober lang gestielte Rispen mit 3,5 cm breiten, sternförmigen, rosaweißen Blüten.

WINTERWONNEN

Der Gehölzrand ist auch der richtige Standort für Christrosen (*Helleborus niger*), Orientalische Nieswurz (*H. orientalis*) und andere Nieswurz-Arten. Am besten gedeihen diese liebenswerten Stauden unter lichten Gehölzen in humosem, kalkhaltigem, durchlässigem Boden. Je nach Witterung erscheinen die schalenförmigen, weißen Blüten der Christrosen bereits ab Januar bis in den April hinein. Die Orientalische Nieswurz blüht etwas später, aber nicht weniger reizvoll. Von dieser Art gibt es unzählige Hybriden mit weißen, rosa oder dunkelroten Blüten. Verwenden Sie diese schönen Stauden in großen Gruppen am Gehölzrand, um Ihrem Garten ein modernes, naturnahes Flair zu verleihen!

Die Stinkende Nieswurz (*Helleborus foetidus*, hier die Sorte 'Wester Flisk') blüht oft schon im Spätwinter.

Roter Fingerhut (*Digitalis purpurea*) wirkt am schönsten in Gruppen.

STAUDEN FÜR DEN GEHÖLZRAND

Die Auswahl an Stauden für den Gehölzrand ist erstaunlich groß. Viele Arten für halbschattige und schattige Standorte kommen von Natur aus gut mit dem Wurzeldruck von Gehölzen zurecht – und bezaubern dennoch mit wunderschönen Blüten.

Pulmonaria saccharata

Großgeflecktes Lungenkraut

AUSSEHEN: Eine halbimmergrüne bis immergrüne, Horste bildende Rhizomstaude mit elliptischen, bis 25 cm langen, mittelgrünen Laubblättern, die weiß gefleckt sind. Zwischen März und Mai erscheinen trichterförmige, rotviolette, violette oder weiße Blüten mit dunkleren Kelchen. Die Pflanze wird 30 cm hoch und 60 cm breit.

STANDORT: Halbschattig bis schattig in neutralem bis leicht saurem, humosem, feuchtem, aber nicht staunassem Boden.

PFLEGE: Entfernen Sie nach der Blütezeit welke Blätter und teilen Sie die Staude alle 3–4 Jahre, um sie vital und blühfreudig zu erhalten.

VERMEHRUNG: Durch Aussaat nach der Samenreife oder Teilen im Herbst.

KOMBINATION: Kombinieren Sie Lungenkraut mit Zwiebelblühern wie Schneeglöckchen (*Galanthus*), Frühlings-Knotenblumen (*Leucojum vernum*) und Blaustern (*Scilla*). Pro m² benötigt man 11 Pflanzen.

ALTERNATIVE: Das Kaukasus-Vergissmeinnicht (*Brunnera macrophylla*), von dem es auch Sorten mit weißbuntem Laub gibt, verträgt kalkhaltigere, trockenere Böden und etwas mehr Sonne.

Aconitum napellus

Echter Eisenhut

AUSSEHEN: Eine etwas variable, aufrechte, einheimische Wildstaude mit ahornartig zerteilten und geschlitzten, dunkelgrünen Blättern. Zwischen Juni und August erscheinen dichte Trauben mit helmartigen, 4 cm großen, indigoblauen Blüten. Die Pflanze wird 110–150 cm hoch und 30 cm breit.

STANDORT: Halbschattig bis schattig in leicht feuchtem, nährstoffreichem Boden.

PFLEGE: Stützen Sie blühende Exemplare, damit die Triebe nicht abknicken. Alle Pflanzenteile sind extrem giftig. Deshalb wird empfohlen, beim Umgang mit Eisenhut Handschuhe zu tragen.

VERMEHRUNG: Durch Aussaat im Frühjahr oder Teilen im Herbst.

KOMBINATION: Eine Staude für sogenannte „Hochstaudenfluren", also Standorte mit fruchtbaren, feuchten Böden, an denen breitblättrige Stauden dominieren. Kombinieren Sie Eisenhut mit Astern-Arten, Wasserdost (*Eupatorium*) und Kerzen-Wiesenknöterich (*Bistorta amplexicaulis*). Pro m² benötigt man 9 Pflanzen.

ALTERNATIVE: Das Blau der Blüten von Eisenhut ist eigentlich einmalig. Wenn Sie früher im Jahr blaue Blüten am Gehölzrand wünschen, versuchen Sie es mit Akelei (*Aquilegia vulgaris*), die im Mai/Juni blüht und 60 cm hoch wird. Sie verträgt auch trockene Böden und Sonne.

Geranium macrorrhizum

Felsen-Storchschnabel

AUSSEHEN: Eine dichte Teppiche bildende, immergrüne Rhizomstaude mit klebrigen, aromatisch duftenden, rundlich gelappten, 10–20 cm langen, grundständigen Blättern. Die oberirdisch kriechenden Triebe sind sehr zäh. Von Mai bis Juli erscheinen doldenartige Büschel aus aufrechten, flach ausgebreiteten, rosafarbenen bis weißen, etwa 2,5 cm breiten Blüten. Die Pflanze wird 50 cm hoch und 60 cm breit.

STANDORT: Sonnig, halbschattig oder schattig in mäßig feuchtem, durchlässigem Boden.

PFLEGE: Gießen Sie die Pflanzen bei sommerlicher Trockenheit.

VERMEHRUNG: Durch Aussaat oder Teilen im Frühjahr und Stecklinge im Sommer.

KOMBINATION: Ein zuverlässiger Bodendecker, der auch gut zur Unterpflanzung von Gehölzen geeignet ist. Pro m² benötigt man 11 Pflanzen.

ALTERNATIVE: Ebenfalls ein guter Bodendecker, jedoch für trockenere Standorte geeignet, ist das Baldriangesicht (*Phuopsis stylosa*), auch Scheinwaldmeister genannt.

Die sommergrüne Staude wird lediglich 25 cm hoch und zeigt von Juni bis August kleine, rosafarbene Blüten, die in Dolden angeordnet sind.

FARBE FÜR SCHATTIGE BEREICHE

Gerade in dicht besiedelten Städten haben viele Gartenbesitzer das Problem, dass Teile ihres Gartens im Schatten von Gebäuden liegen. Ich kenne das aus eigener Erfahrung. Doch schattige Gärten sind kein Grund zur Klage, sondern eine Chance für unkonventionelle Gestaltungen. Zwar eignen sich solche Standorte nicht unbedingt für einen Rosengarten. Aber Sie können auch an schattigen Standorten herrliche Beete mit Stauden gestalten. Geeignete Kandidaten sind etwa cremeweiß blühender Wald-Geißbart (*Aruncus dioicus*), die weiß und rosafarben blühenden Sorten der Herbst-Anemone (*Anemone hupehensis* var. *japonica*) und das breite Spektrum von Prachtspieren (*Astilbe*-Arten).

Es müssen übrigens nicht immer Blüten sein, die schattige Standorte aufwerten: Vergessen Sie nicht die tolle Wirkung von Blattschmuckstauden wie etwa Funkien (*Hosta*) oder Purpurglöckchen (*Heuchera*-Hybriden), von denen es auch Sorten mit panaschierten (weißbunten) Blättern gibt. Mit den attraktiven Wedeln vieler Farn-Arten können Sie ebenfalls eine beeindruckende Wirkung in schattigen Gartenbereichen erzielen. In größeren Gruppen gepflanzt haben diese Stauden auch eine erstaunliche Fernwirkung, wie sie bei der modernen Beetgestaltung im Sinne des New German Style erwünscht ist. Doch Schatten ist nicht gleich Schatten. Auch die Bodenbeschaffenheit entscheidet darüber, ob Stauden am jeweiligen Standort gedeihen.

TROCKENER SCHATTEN

Manche Gärtner meinen, dass trockener Schatten der schlimmste Fluch ist, der einen treffen kann. Aus Verzweiflung pflanzen sie dann großflächig immergrüne Bodendecker wie Efeu (*Hedera*), Japanischen Ysander (*Pachysandra terminalis*) und Kleines Immergrün (*Vinca minor*). Der Gartenplaner Piet Oudolf bezeichnet diese Art der Gestaltung auch als „Grünen Beton“, weil sie so reizlos und öde wirkt. Doch es gibt zahlreiche attraktive Stauden, die tatsächlich mit trockenem Schatten gut zurechtkommen. Dazu gehören viele Arten, die nicht nur schmückendes Laub haben, sondern auch hübsche Blüten. Versuchen Sie es mit Bergenien (*Bergenia*-Arten und -Hybriden), Sockenblumen (*Epimedium*-Arten), Kaukasus-Vergissmeinnicht (*Brunnera macrophylla*), Fingerhut (*Digitalis*), Salomonssiegel (*Polygonatum*) und Veilchen (*Viola*-Arten). Sehr gute Erfahrungen gemacht habe ich auch mit der buschig wachsenden, bis 80 cm hohen, im Spätsommer hellviolett blühenden Ageratum-Aster (*Aster trinervius* subsp. *ageratoides*). Zusammen mit immergrünen Gräsern wie

Im lichten Schatten, wie hier zu Füßen von Rhododendren, fühlen sich Funkien (*Hosta*), Purpurglöckchen (hier die dunkellaubige *Heuchera*-Hybride 'Obsidian') und Farne wohl.

Blattschmuckstauden wie Schaublatt (*Rodgersia*-Arten), Funkien (*Hosta*) und Farne ermöglichen subtile Beetkompositionen, insbesondere wenn man panaschierte Sorten einbezieht.

Seggen (*Carex*-Arten) und Farnen, etwa Engelsüß (*Polypodium vulgare*), die Trockenheit und Schatten tolerieren, können Sie mit diesen Stauden abwechslungsreiche, pflegeleichte und nahezu ganzjährig attraktive Beete gestalten.

FEUCHTER SCHATTEN

Die Auswahl an schönen Blütenpflanzen für feuchten Schatten ist noch reichhaltiger. Gut geeignet und mit attraktiven Blüten gesegnet sind beispielsweise Nelkenwurz (*Geum*-Arten), Europäische Trollblume (*Trollius europaeus*), Wachsglocke (*Kirengeshoma palmata*) sowie Goldkolben (*Ligularia*-Arten) und Breitblättrige Wald-Glockenblume (*Campanula latifolia*), außerdem Eisenhut (*Aconitum*-Arten) und Maiglöckchen (*Convallaria majalis*). Eine echte Blackbox-Pflanze (siehe Seite 56), die sich an geeigneten Standorten reichlich selbst aussät, ist der Kambrische Scheinmohn (*Meconopsis cambrica*). In meinem Garten lasse ich seine Sämlinge überall dort stehen, wo sie nicht stören. Kombinieren Sie für eine Mischpflanzung einige dieser Blütenstauden mit locker über die gesamte Beetfläche verteilten Exemplaren verschiedener Gräser, etwa Rasen-Schmiele (*Deschampsia cespitosa*) oder der goldgelben Auslese des Wald-Flattergrases (*Millium effusum*). So erschaffen Sie naturnahe, das Auge stimulierende Pflanzungen, die pflegeleicht sind und sich selbst regulieren bzw. regenerieren.

BLÜTENSTARS FÜR DEN SCHATTEN

Viele Stauden vertragen mehr Schatten als Sie glauben. Im großen Reich der Flora gibt es zahlreiche Kandidaten, die auch an schattigen Standorten nicht mit Blüten geizen. Lassen Sie sich dazu verführen, es einmal in Ihrem Garten auszuprobieren!

Anemone hupehensis var. *japonica*

Herbst-Anemone

AUSSEHEN: Eine auch unter dem Namen *A. × hybrida* oder *A. × japonica* bekannte, aufrechte Staude mit ahornartigen, gebuchteten oder zerteilten, dunkelgrünen etwa 10 cm großen Blättern. Der Blatthorst wird etwa 30 cm hoch. Von Juli bis September erscheinen an verzweigten Sprossen Dutzende bis 9 cm breite, je nach Sorte weiße oder blassrosafarbene Blüten. Die Pflanze wird zur Blütezeit bis 150 cm hoch und breitet sich durch Schösslinge unbegrenzt aus. Es gibt auch Horste bildende Sorten, die nicht wuchern (siehe Seite 128).

STANDORT: Halbschattig in frischem, humosem Boden.

PFLEGE: Pflanzen Sie Herbst-Anemonen bevorzugt im Frühjahr und geben Sie ihnen in den ersten beiden Jahren einen Winterschutz. Sehr hohe Sorten brauchen zur Blütezeit eine Stütze.

VERMEHRUNG: Durch Teilen im Frühjahr.

KOMBINATION: Herbst-Anemonen passen genauso gut an den Gehölzrand wie ins Staudenbeet. Allerdings sollten Sie bei einer Pflanzung in Beete den Ausbreitungsdrang der Staude nicht unterschätzen. Pro m² benötigt man 9–12 Pflanzen.

ALTERNATIVE: In ähnlich zarten Pastelltönen blüht von Juni bis August die etwa gleich hohe Riesen-Dolden-Glockenblume (*Campanula lactiflora*), die vergleichbare Standortansprüche wie Herbst-Anemonen hat, sich aber nicht durch Ausläufer ausbreitet.

Aruncus dioicus

Wald-Geißbart

AUSSEHEN: Eine einheimische, aufrechte Wildstaude mit gefiederten, gezähnten, farnartigen Blättern. Im Mai und Juni erscheinen locker aufgebaute, zapfenförmige Rispen mit winzigen, cremeweißen, männlichen Blütchen. Die weiblichen Blütenstände sind grünlich weiß und hängend. Die Pflanze wird bis 200 cm hoch und 120 cm breit.

STANDORT: Halbschattig bis schattig in frischem, feuchtem, aber auch trockenem Boden.

PFLEGE: Um eine reichliche Selbstaussaat zu verhindern, schneiden Sie Verblühtes am besten im Frühsommer ab. Im Spätherbst schneiden Sie die Triebe bodeneben zurück.

VERMEHRUNG: Durch Aussaat nach der Samenreife oder Teilen im Frühjahr oder Herbst.

KOMBINATION: Einzelne größere Horste sind ein schöner Blickfang unter Gehölzen. Wald-Geißbart passt auch gut zu anderen Waldstauden wie Maiglöckchen (*Convallaria majalis*), Salomonssiegel (*Polygonatum*) und Lungenkraut (*Pulmonaria*). Pro m² benötigt man 1–2 Pflanzen.

ALTERNATIVE: Mit cremeweiß blühenden Garten-Astilben (*Astilbe × arendsii*), etwa der Sorte 'Brautschleier', können Sie eine ähnliche Wirkung erzielen. Die Stauden vertragen keine trockenen Standorte, blühen aber je nach Sorte im Frühsommer, Sommer oder Herbst.

Astilbe × arendsii

Garten-Astilbe, Prachtspiere

AUSSEHEN: Aufrechte, Gruppen bildende Stauden mit gefiederten, gezähnten Blättern, die an dünnen, drahtigen Trieben stehen. Es gibt zahlreiche Hybriden mit niedrigen und höheren Sorten und ein breites Farbspektrum an Blütenfarben von Weiß über Rosa und Rot bis hin zu dunklem Purpurviolett. Die aufrechten, verzweigten, mehr oder weniger offenen Blütenrispen tragen winzige Einzelblüten und erscheinen, je nach Sorte, zwischen Juni und September. Je nach Sorte werden die Pflanzen 40–80 cm hoch.

STANDORT: Halbschattig bis schattig in fruchtbarem, feuchtem, neutralem bis leicht saurem Boden.

PFLEGE: Gießen Sie bei sommerlicher Trockenheit und teilen Sie die Pflanzen alle 3–4 Jahre, um die Blühfreude zu erhalten.

VERMEHRUNG: Durch Teilen im Frühjahr.

KOMBINATION: Astilben passen gut zu Funkien (*Hosta*), Herbst-Anemonen (*Anemone hupehensis* var. *japonica*) und Farnen. Pro m² benötigt man 7 Pflanzen.

ALTERNATIVE: An trockeneren Standorten können Sie mit Wald-Geißbart (*Aruncus dioicus*) eine vergleichbare Wirkung erzielen.

BLATTSCHMUCKSTAUDEN

Obwohl Blattschmuckstauden – der Name verrät es bereits – auch ganz ohne Blüten überaus dekorativ sind, können manche von ihnen zusätzlich mit hübschen Blüten oder Fruchtständen punkten. Einen Garten ohne diese schmückenden Gewächse kann ich mir nicht vorstellen!

Arum italicum 'Pictum'

Italienischer Aronstab

AUSSEHEN: Eine Knollen bildende Wildstaude mit pfeil- bis speerförmigen, mittelgrünen, bis 35 cm langen Blättern. Bei der Sorte 'Pictum' (Syn. 'Marmoratum') sind diese intensiv weiß geädert. Zwischen April und Juni erscheint eine grünweißliche, 15–40 cm lange Blütenscheide (Spatha), auf die später leuchtend orangerote Beeren folgen. Die in allen Teilen giftige Pflanze zieht nach der Blüte das Laub ein. Sie wird bis 30 cm hoch und 15 cm breit.

STANDORT: Sonnig bis halbschattig in humosem, durchlässigem Boden.

PFLEGE: Halten Sie die Pflanze in der sommerlichen Ruhezeit möglichst trocken.

VERMEHRUNG: Durch Aussaat im Herbst oder Teilen nach der Blüte.

KOMBINATION: Sehr wirkungsvoll unter Gehölzen. Kombinieren Sie Aronstab mit Primeln und im Frühjahr blühenden Zwiebel- und Knollenpflanzen wie beispielsweise Blaustern (*Scilla*), Hasenglöckchen (*Hyacinthoides*) und Berg-Anemonen (*Anemone blanda*). Pro m² benötigt man 6 Pflanzen.

ALTERNATIVE: Funkien (*Hosta*) sind ebenfalls schöne Blattschmuckstauden, die im Sommer – im Gegensatz zu Aronstab – keine Pause einlegen. Sie mögen zwar ebenso feuchten Boden, gedeihen aber auch an trockeneren Standorten, sofern sie nicht zu sonnig stehen.

Hosta-Hybriden

Funkie, Herzlilie

AUSSEHEN: Eine Gattung mit rund 60 Staudenarten und zahlreichen Hybriden. Funkien haben dichte Büschel aus gestielten, überlappenden, meist herzförmigen oder lanzettlichen Blättern, die je nach Art und Sorte eine Größe von wenigen Zentimetern bis hin zu Tellergröße erreichen. Sie können einfarbig grün, gelb, graublau oder auch panaschiert sein. Im Sommer oder frühen Herbst erscheinen an meist blattlosen, aufrechten Blütentrieben glocken- oder trichterförmige, bis 3 cm lange weiße oder zart violettblaue Blüten. Die Pflanzen werden, je nach Art und Sorte, zwischen 15 und 80 cm hoch.

STANDORT: Halbschattig bis schattig in nährstoffreichem, feuchtem, aber durchlässigem Boden.

PFLEGE: Schützen Sie insbesondere den Austrieb vor Schneckenfraß. Arten und Sorten mit festerem Laub, etwa die Blaublatt-Funkie (*H. sieboldiana* 'Elegans') oder die *Hosta*-Hybride 'Frances Williams' sind während der Vegetationsperiode weniger anfällig für Schneckenfraß.

VERMEHRUNG: Durch Teilen im zeitigen Frühjahr oder Spätsommer.

KOMBINATION: Farne bilden mit ihren filigranen Wedeln einen schönen Strukturkontrast zu Funkien. Als Topf- und Kübelpflanzen für schattige Bereiche sehen Funkien einfach umwerfend aus. Pro m² benötigt man von großen Arten/Sorten 2–3 Pflanzen, von kleineren Arten/Sorten 5–7 Pflanzen.

ALTERNATIVE: Kaukasus-Vergissmeinnicht (*Brunnera macrophylla*) oder Aronstab (*Arum italicum*) sind ebenfalls schöne Blattschmuckstauden mit ähnlichen Standortvorlieben, jedoch weniger anfällig für Schneckenfraß.

Rodgersia aesculifolia

Kastanien-Schaublatt

AUSSEHEN: Eine Gruppen bildende Rhizomstaude mit gestielten, gefingerten, runzeligen, mittelgrünen, bis 25 cm langen Blättern, die an die Blätter von Rosskastanien erinnern. Von Mai bis Juli erscheinen bis zu 60 cm lange, lockere Rispen mit winzigen, cremeweißen Blüten. Die Pflanze wird bis 100 cm hoch und breit.

STANDORT: Halbschattig bis schattig in nährstoffreichem, feuchtem, aber durchlässigem Boden.

PFLEGE: Schützen Sie den Austrieb vor Schneckenfraß und gießen Sie die Pflanze bei sommerlicher Trockenheit.

VERMEHRUNG: Durch Teilen im Frühjahr.

KOMBINATION: Schön am Rand von Gewässern und unter Gehölzgruppen. Kombinieren Sie Schaublatt mit hohen Glockenblumen (z. B. *Campanula lactiflora*), Farnen und Schattengräsern. Pro m² benötigt man 1 Pflanze.

ALTERNATIVE: Andere Schaublatt-Arten wie Gezähntes Schaublatt (*R. podophylla*) und Gefiedertes Schaublatt (*R. pinnata*) sowie Tafelblatt (*Astilboides tabularis*) und Handlappiger Rhabarber (*Rheum palmatum*) mit gleichen Standortvorlieben.

AUSDAUERNDE FARNE

Farne sind echte Schattenstars. Sie punkten nicht durch Blüten (denn als Sporenpflanze haben sie keine), sondern durch die Struktur ihrer feingliedrigen Wedel. Wenn Sie ausdauernde, immergrüne Farnarten pflanzen, können Sie sich ganzjährig an den schönen und pflegeleichten Blattschmuckstauden erfreuen.

Polystichum aculeatum

Dorniger Schildfarn, Gelappter Schildfarn

AUSSEHEN: Ein zuverlässig immergrüner Farn mit gestielten, schmal lanzettlichen, gefiederten, meist glänzenden, dunkelgrünen, übergeneigten Wedeln, die in einer trichterförmigen Rosette stehen. Die Pflanze wird 60 cm hoch und 90 cm breit.

STANDORT: Halbschattig bis schattig in schwach saurem, humosem, nicht zu trockenem Boden. Bei ausreichend feuchtem Boden verträgt dieser Farn auch etwas Sonne.

PFLEGE: Überbrausen Sie den Farn gelegentlich und gießen Sie ihn bei Trockenheit. In rauen Regionen ist ein Winterschutz empfehlenswert.

VERMEHRUNG: Durch Aussaat der Sporen oder durch Brutknospen im Herbst. Das Teilen ist weniger empfehlenswert.

KOMBINATION: Kombinieren Sie diesen Farn mit Zwiebelblühern, etwa Schneeglöckchen (*Galanthus*), Knotenblumen (*Leucojum*) und Hundszahn (*Erythronium*) sowie Lungenkraut (*Pulmonaria*) oder Kaukasus-Vergissmeinnicht (*Brunnera macrophylla*). Pro m² benötigt man 3–5 Pflanzen.

ALTERNATIVE: Gewöhnlicher Tüpfelfarn (*Polypodium vulgare*) eignet sich bei gleichen Standortvorlieben ebenso, verträgt aber die Konkurrenz anderer Stauden weniger gut.

Polypodium vulgare

Engelsüß, Gewöhnlicher Tüpfelfarn

AUSSEHEN: Dieser immergrüne Farn kann auch epiphytisch, also als Aufsitzerpflanze, in Rindenspalten alter Bäume leben. Der Rhizome bildende Farn hat lang gestielte, ledrige, gefiederte, dunkelgrüne Wedel, die in lockeren Büscheln aufwärts gerichtet stehen. An den Unterseiten der Wedel bilden sich tüpfelartige Sporenlager. Die Pflanze wird 20–30 cm hoch und breitet sich unbegrenzt aus.

STANDORT: Halbschattig bis schattig in schwach saurem, humosem, auch trockenem Boden.

PFLEGE: Überbrausen Sie den Farn gelegentlich und gießen Sie ihn bei Trockenheit. Er verträgt wuchernde Nachbarpflanzen schlecht. In rauen Regionen ist ein Winterschutz empfehlenswert.

VERMEHRUNG: Durch Teilen im Frühjahr.

KOMBINATION: Dieser nicht sehr große Farn eignet sich als wintergrüner Bodendecker zwischen Gehölzen oder in Mauerritzen, Treppenfugen oder im Steingarten. Kombinieren Sie ihn mit Funkien (*Hosta*), Lungenkraut (*Pulmonaria*) und Zwiebelblumen. Pro m² benötigt man 8 Pflanzen.

ALTERNATIVE: Gewöhnlicher Rippenfarn (*Blechnum spicant*) ist ebenfalls immergrün und verträgt den Wurzeldruck von benachbarten Gehölzen besser.

Blechnum spicant

Gewöhnlicher Rippenfarn

AUSSEHEN: Ein hübscher, meist immergrüner Farn mit länglichen, fein gefiederten Wedeln. Neben den fertilen (fruchtbaren) Wedeln, die Sporen tragen, erscheinen auch sterile Wedel mit glatterem Rand. Es gibt zudem Auslesen mit mehrfach gegabelten Wedeln ('Cristatum') und solche, bei denen die einzelnen Fiedern sehr dicht stehen und nach oben gebogen sind ('Serratum'). Die Pflanze wird 20–50 cm hoch und ungefähr 60 cm breit.

STANDORT: Halbschattig bis schattig in feuchtem, humosem, schwach saurem Boden.

PFLEGE: Wässern Sie bei anhaltender Trockenheit, damit die Wedel nicht braun werden. Dieser Farn verträgt auch den Wurzeldruck von Gehölzen, solange die Luft am Standort feucht genug ist.

VERMEHRUNG: Die Art verbreitet sich meist selbst durch Sporen. Sorten können Sie durch Teilen im Frühjahr vermehren.

KOMBINATION: Dieser Farn sieht auch am Rand von Gewässern sehr schön aus. Kombinieren Sie ihn mit Azaleen und Rhododendren sowie mit Zwiebelblühern. Pro m² benötigt man 12–15 Pflanzen.

ALTERNATIVE: Dorniger Schildfarn (*Polystichum aculeatum*) ist ebenfalls immergrün, verträgt aber mehr Sonne.

MIT STAUDEN BUNT DURCHS **GARTENJAHR**

Für fast jede Jahreszeit und eigentlich jeden Standort gibt es farbenfrohe Blütenstauden. Und wenn die Blumenpracht jahreszeitlich bedingt mal Pause macht, bringen immergrüne Gräser, Farne, Winterblüher und Blattschmuckstauden Leben in die Beete. Die Zeiten, wo der Garten nur im Sommer attraktiv war, sind zum Glück vorbei. Lassen Sie sich dazu anregen, Ihren Garten ganzjährig erlebenswert zu gestalten!

BEETGESTALTUNG ZU VERSCHIEDENEN JAHRESZEITEN

IHR GARTEN KANN ZU JEDER JAHRESZEIT REIZVOLL AUSSEHEN. MIT DEN RICHTIGEN PFLANZENEMPFEHLUNGEN GELINGT ES IHNEN, ATTRAKTIVE BEETKOMPOSITIONEN ZU VERWIRKLICHEN.

Das Gartenjahr beginnt mit dem Erwachen der ersten Frühlingsblumen wie Schneeglöckchen, Krokus und Narzissen. Etwas später blühen Tulpen, Anemonen und Hasenglöckchen. Stauden wie Lungenkraut, Kaukasus-Vergissmeinnicht und Lenzrosen stehen ab März in den Startlöchern. Im Frühsommer ziehen Zierlauch, Pfingstrosen, Türkischer Mohn und Iris alle Blicke auf sich. Und wenn die Sonne im Sommer am heißesten brennt, verlangt das Auge nach kräftigen Farben. Wie gut, dass es dafür zahlreiche vitale und farbenfrohe Blütenstauden wie die Wild- und Zuchtformen des Scheinsonnenhuts (*Echinacea*) sowie andere temperamentvolle Präriestauden gibt. Auch einjährig kultivierte Pflanzen wie Dahlien, Ringelblumen (*Calendula*) oder Schmuckkörbchen (*Cosmos*) steuern ihren Beitrag zum sommerlichen Farbspektakel bei. An kühleren Herbsttagen erfreut sich das Auge dann an den gedämpften Farbtönen von Astern, Herbst-Anemonen und dem intensiven Violettblau des Herbst-Eisenhuts (*Aconitum carmichaelii* 'Arendsii'). Und selbst im Winter muss der Garten nicht verwaist und öde aussehen. Immergrüne Gräser und die aparten Fruchtstände mancher Stauden überbrücken die kalte Jahreszeit, während andere Pflanzen, im Boden schlummernd, auf ihren spektakulären Auftritt im folgenden Gartenjahr warten.

Rosafarbener Scheinsonnenhut (*Echincea*) und blauviolette Duftnessel (*Agastache*) wurden mit einjährigen Schmuckkörbchen (*Cosmos*) in Weiß kombiniert.

FRÜHLING MIT ZWIEBELBLÜHERN

Im Frühjahr blühende Zwiebel- und Knollenpflanzen schenken uns genau dann Farbe für die Beete, wenn wir sie am meisten ersehnen. Sie sind die Frühaufsteher unter den mehrjährigen Gartenpflanzen und entwickeln sich in beeindruckender Schnelligkeit, da ihnen in ihren fleischigen, unterirdischen Speicherorganen enorme Kraftreserven zur Verfügung stehen. In den sprichwörtlichen „sieben Häuten" der Zwiebelpflanzen ist sogar die gesamte oberirdische Pflanze mitsamt Stängel, Blättern und Blütenspross bereits angelegt. So können sie einen Blitzstart hinlegen und haben ihre Blütezeit bereits beendet, noch bevor die anderen Pflanzen als mögliche Konkurrenten um Licht und Nährstoffe ihr Blätterkleid anlegen.

FRISCHER START INS GARTENJAHR

Im Frühjahr bezaubern die farbenfrohen Blüten von Zwiebelblühern ganz besonders – zumal sie sich in Windeseile entwickeln. Oft blüht plötzlich dort ein Krokus oder ein Winterling (*Eranthis hyemalis*) auf, wo gestern noch nackter Boden war. Im Februar und März sind die kleinen botanischen Kostbarkeiten, die sich aus im Herbst gepflanzten Zwiebeln und Knollen entwickeln, zumeist noch unter sich. Aber mit dem allmählichen Ansteigen der Temperaturen im April erwachen auch andere Gartenblumen zum Leben. Dann schlägt die Stunde der später austreibenden Zwiebelpflanzen, die sich – dank ihrer Größe und Höhe – im Vollfrühling zwischen ihren Nachbarn gut behaupten können: Prärielilien (*Camassia*-Arten), Hasenglöckchen (*Hyacinthoides*), Honiglauch (*Nectaroscordum siculum*) und die zahlreichen Arten, Hybriden und Sorten des Zierlauchs (*Allium*) lassen sich toll mit Blattschmuckstauden wie Funkien (*Hosta*), Kaukasus-Vergissmeinnicht (*Brunnera macrophylla*) und Farnen, aber auch mit Rosen und Einjährigen kombinieren.

Eine großzügige Bepflanzung mit Tulpen wie hier im Hermannshof in Weinheim lässt sich auch im Hausgarten verwirklichen. Wählen Sie dafür möglichst einfach blühende, langlebige Sorten.

Warten Sie nach dem Verblühen der Zwiebelpflanzen mit dem Abschneiden des Laubs, bis es verwelkt. So können die Pflanzen ausreichend Nährstoffe für die nächste Saison in den Zwiebeln einlagern.

ZWIEBELPFLANZEN MODERN INTERPRETIERT

Gerade moderne, an natürlichen Vorbildern orientierte Gartenstile wie New German Style, Dutch Wave und New American Garden verwenden neben den bevorzugt eingesetzten Wildstauden und Gräsern auch zahlreiche Arten von Zwiebel- und Knollenpflanzen. Sie ergänzen die im Sommer blühenden Blütenstauden und ermöglichen eine möglichst vielfältige und die ganze Saison über attraktive Beetgestaltung. Ähnlich wie bei den Stauden werden im New German Style und den verwandten Gartenstilen vorzugsweise sich selbst aussäende Wildformen von Zwiebel- und Knollenpflanzen eingesetzt, wie etwa Kugel-Lauch (*Allium sphaerocephalon*), Prachtscharte (*Liatris spicata*) oder Prärielilie (*Camassia*). Verwenden Sie diese Arten am besten immer zahlreich, damit die Blüten der Zwiebel- und Knollengewächse in der Masse der Mischpflanzungen dennoch richtig zur Geltung kommen. Mehrere im Beet verteilte Exemplare oder kleine Tuffs ein und derselben Art und Sorte verbinden sich aus der Ferne optisch einfach besser zu einem harmonischen Gesamteindruck als eine tapfer, aber einsam vor sich hin blühende einzelne Tulpe oder Narzisse.
Indem Farbe und Form durch mehrere gleiche oder gleichartige Blüten wiederholt werden, entsteht eine Art strukturierender Rhythmus im Beet. Auf diese Weise vermeiden Sie den Eindruck eines beliebigen, kunterbunten Allerleis.

ZWIEBELBLÜHER

Diese Zauberkünstler der Botanik gibt es in nahezu allen Farben und Formen. Sie geben im Frühjahr den Ton im Beet an. Dank ihrer im Boden ruhenden Speicherorgane können sie einen formidablen Frühstart hinlegen und schon mit tollen Blüten begeistern, wenn andere Stauden noch am Erwachen sind.

Camassia cusickii

Cusicks Prärielilie

AUSSEHEN: Eine Horste bildende Zwiebelstaude mit grundständigen, schmal riemenförmigen, leuchtend grünen, 80 cm langen Blättern. Im Mai und Juni erscheinen lockere, bis 5 cm breite und bis 30 cm lange Trauben mit bis zu 100 flach becherförmigen, blass- bis stahlblauen Einzelblüten. Die Pflanze wird 80–100 cm hoch.

STANDORT: Sonnig bis halbschattig in feuchtem, aber gut durchlässigem, humosem Boden.

PFLEGE: Ein Winterschutz ist empfehlenswert.

VERMEHRUNG: Durch Aussaat im Frühjahr oder Teilen im Sommer.

KOMBINATION: Die Pflanze eignet sich gut zum Verwildern in feuchten Wiesen, passt aber auch in Kombination mit Storchschnabel (*Geranium*) und Rosen in gemischte Rabatten. Pro m² benötigt man 12 Pflanzen.

ALTERNATIVE: Für weniger feuchte Standorte können Sie einen ähnlichen Effekt mit niedrigen Rittersporn-Sorten (*Delphinium*-Hybriden) oder einjährigem Garten-Feldrittersporn (*Consolida ajacis*) erzielen.

Hyacinthoides hispanica

Spanisches Hasenglöckchen

AUSSEHEN: Eine robuste Zwiebelpflanze mit aufrechten, riemenförmigen, glänzend dunkelgrünen, grundständigen, 20–60 cm langen Blättern. Im April und Mai erscheinen Trauben mit bis zu 15 aufrechten, glockigen, blauen, 2 cm langen Einzelblüten. Die Pflanze wird bis 40 cm hoch. Mein absoluter Liebling unter den Zwiebelpflanzen!

STANDORT: Halbschattig in humosem, frischem, durchlässigem Boden.

PFLEGE: Wenn Sie eine Selbstaussaat verhindern möchten, entfernen Sie die abgeblühten Blüten vor der Samenreife.

VERMEHRUNG: Durch Aussaat nach der Samenreife und Teilen im Sommer.

KOMBINATION: Außerordentlich schön als Unterpflanzung von Gehölzrabatten, beispielsweise kombiniert mit Bärlauch (*Allium ursinum*). In Beeten passen Hasenglöckchen besonders gut zu spät austreibenden Blattschmuckstauden wie Funkien (*Hosta*), die das welkende Laub der Zwiebelpflanzen später verdecken. Schön wirken Hasenglöckchen auch zusammen mit rotlaubigen Stauden wie Purpurglöckchen (z. B. *Heuchera*-Hybride 'Palace Purple'). Pro m² benötigt man 400 Pflanzen.

ALTERNATIVE: Einen ähnlichen Eindruck können Sie mit der etwas später blühenden und auch für sonnige Standorte geeigneten Amethyst-Scheinhyazinthe (*Brimeura amethystiana*) erzielen. Deutlich höher (etwa 80 cm) wird Cusicks Prärielilie (*Camassia cusickii*), die ähnlich blaue Blüten hervorbringt.

Nectaroscordum siculum

Honiglauch

AUSSEHEN: Eine Zwiebelpflanze mit graugrünen, schmal riemenförmigen, gekielten, 30–40 cm langen, grundständigen Blättern. Von Mai bis Juni erscheinen Dolden mit bis zu 30 glockigen, 1,5–2,5 cm breiten, hängenden, mattgrün und braunrot gestreiften Einzelblüten an ungleich langen Stielen. Nach der Blüte bilden sich gestielte Kapseln, die sich später senkrecht aufrichten. Immer wieder beeindruckend! Die Pflanze wird 80–100 cm hoch.

STANDORT: Sonnig bis halbschattig in durchlässigem, kalkhaltigem, mäßig nährstoffreichem Boden.

PFLEGE: Sehr pflegeleicht. Beste Pflanzzeit für die Zwiebeln ist von September bis November.

VERMEHRUNG: Durch Aussaat im Herbst oder Frühjahr oder durch Brutzwiebeln im Sommer.

KOMBINATION: Sehr schön wirkt eine Kombination mit silberlaubigen Stauden wie Woll-Ziest (*Stachys byzantina*) oder Kurilen-Beifuß (*Artemisia schmidtiana* var. *nana*). Auch rotlaubige Stauden wie etwa die *Heuchera*-Hybride 'Obsidian' oder die blauviolett blühende, fast schwarzlaubige Sorte 'Black Scallop' des Kriechenden Günsels (*Ajuga reptans*) eignen sich als kontrastreiche Pflanzpartner. Pro m² benötigt man 11 Pflanzen.

ALTERNATIVE: Eine ähnliche Höhe und Fernwirkung erreicht Schwarzer Lauch (*Allium nigrum*). Nur 40 cm hoch wird Dreikantiger Lauch (*Allium triquetum*) mit lockeren Dolden weißer, nickender Blüten.

ZIERLAUCH-ARTEN

Seit einigen Jahren erfahren die vielen attraktiven Arten und Sorten des Zierlauchs endlich die ihnen gebührende Aufmerksamkeit. Mit den meist kugelförmigen Blütenständen der Zierlauch-Arten können Sie außergewöhnliche, kühne Akzente im Beet setzen.

Allium christophii

Sternkugel-Lauch

AUSSEHEN: Die grundständigen, riemenförmigen, graugrünen, 15–45 cm langen Blätter der ausdauernden Zwiebelstaude sterben bereits vor der Blütezeit ab. Im Juni und Juli erscheinen große, bis 25 cm breite Dolden mit bis zu 50 sternförmigen, rosapurpurnen, metallisch glänzenden Einzelblüten – einfach sensationell! Die Pflanze wird bis 50 cm hoch.

STANDORT: Sonnig in gut durchlässigem, nährstoffreichem Boden.

PFLEGE: Entfernen Sie die vergilbten Blätter, sobald sie welken, damit die Pflanze ordentlich aussieht.

VERMEHRUNG: Durch Aussaat im Frühjahr oder Abnehmen von Tochterzwiebeln im Herbst.

KOMBINATION: Kombinieren Sie Sternkugel-Lauch in lockeren Gruppen mit Rosen, Storchschnabel (*Geranium*-Arten), Woll-Ziest (*Stachys byzantina*) und Frauenmantel (*Alchemilla mollis*). Pro m^2 benötigt man 6 Pflanzen.

ALTERNATIVE: Andere Zierlauch-Arten, etwa Iran-Lauch (*A. aflatunense*), Riesen-Lauch (*A. giganteum*) und Paukenschläger-Lauch (*A. rosenbachianum*) haben ähnliche Blütenstände, wachsen aber höher.

Allium nigrum

Schwarzer Lauch

AUSSEHEN: Eine relativ langlebige Zwiebelpflanze mit grundständigen, breit riemenförmigen, graugrünen, bis 50 cm langen Blättern. Im Mai und Juni erscheinen kompakte, flachrunde Dolden mit bis zu 35 becherförmigen, weißen Einzelblüten mit grünem Fruchtknoten. Die Pflanze wird 60–80 cm hoch.

STANDORT: Sonnig in gut durchlässigem Boden.

PFLEGE: Ein Winterschutz ist empfehlenswert.

VERMEHRUNG: Durch Aussaat im Frühjahr oder Abnehmen von Tochterzwiebeln im Herbst.

KOMBINATION: Schön als lockere Gruppe im Vordergrund von gemischten Rabatten. Kombinieren Sie Schwarzen Lauch mit Roter Spornblume (*Centranthus ruber*), Storchschnabel (*Geranium*-Arten) sowie spät austreibenden Stauden, damit die Blätter während des Wachstums genug Licht bekommen und später, wenn sie welken, verdeckt werden. Pro m² benötigt man 7 Pflanzen.

ALTERNATIVE: Eine ähnliche Höhe und Fernwirkung erreicht Honiglauch (*Nectaroscordum siculum*). Eine vergleichbare Blütenform und -farbe zeigt im September/Oktober die weiß blühende Fetthenne *Sedum × spectabile* 'Stardust'.

Allium sphaerocephalon

Kugel-Lauch

AUSSEHEN: Eine sich an geeigneten Standorten reichlich selbst aussäende, ausdauernde Zwiebelpflanze mit grundständigen, riemenförmigen, mittelgrünen, bis 35 cm langen Blättern. Im Juni und Juli erscheinen kegelförmige, 3–5 cm breite Dolden mit bis zu 40 glockigen Blüten, deren Farbe von rosa bis dunkelrotbraun variiert. Die Pflanze wird 70–100 cm hoch.

STANDORT: Sonnig in gut durchlässigem, trockenem Boden.

PFLEGE: Entfernen Sie die Blüten nach dem Abwelken, wenn Sie eine Selbstaussaat verhindern möchten.

VERMEHRUNG: Durch Aussaat im Frühjahr, Pflanzen von Brutknospen im Sommer oder Teilen im Herbst.

KOMBINATION: Sehr schön in lockeren Gruppen zusammen mit rosa- oder terrakottafarbenen Sorten der Schafgarbe (*Achillea*) und zierlichen Gräsern, etwa Federborstengras (*Pennisetum*) oder Mexikanisches Federgras (*Nassella tenuissima*). Pro m² benötigt man 25 Pflanzen.

ALTERNATIVE: Eine in Farbe und Form ähnliche Wirkung haben die Blüten der Witwenblume (*Knautia macedonica*), die etwa gleich hoch wächst, aber etwas feuchtere Böden verträgt als der Kugel-Lauch.

FRÜHSOMMER IN GANZER PRACHT

Im Juni präsentieren sich die meisten Gärten in ihrer vollen Pracht. Natürlich sind es vor allem Rosen, die mit ihrer üppigen Blüte alle Blicke auf sich ziehen. Aber auch Prachtstauden wie Taglilien (*Hemerocallis*), Lupinen und Pfingstrosen (*Paeonia lactiflora*-Hybriden) tragen ihren Anteil dazu bei, dass die Beete Eindruck machen. Prachtstauden kommen zwar auch ohne botanische Begleiter bestens zur Geltung. Aber noch schöner wirken die imposanten Gartenstars, wenn sie von duftigen Wolken kleinblütiger Stauden wie Storchschnabel (*Geranium*), Frauenmantel (*Alchemilla*) und Mutterkraut (*Tanacetum parthenium*) umschmeichelt werden.

Wenn es im Hochsommer im Garten mal nicht so üppig blüht, können Sie mit bunten Rosenkugeln oder anderer Gartendekoration farbige Akzente setzen. Aber wie fast überall gilt: Weniger ist mehr!

BLICKFÄNGE UND MARKANTE WEGMARKEN

Setzen Sie Prachtstauden wie die oben genannten immer sparsam ein, um eine Überreizung im Auge des Betrachters zu vermeiden. Die auffälligen Blüten der im Frühsommer blühenden Prachtstauden dominieren die Beete durch ihre intensive Farbwirkung. Sie bilden Blickfänge und wirken in Stauden-Mischpflanzungen wie Wegmarken, die den Kurs vorgeben.

Eine Kombination mit Gräsern ist nur bedingt anzuraten, da diese erst später im Gartenjahr zu voller Wirkung heranreifen. Gräser passen besser zu Präriestauden, etwa den im Sommer blühenden Sonnenhüten und Scheinsonnenhüten (*Rudbeckia*- und *Echinacea*-Arten) sowie zu Herbstblühern wie Astern. Besser als Begleitstauden für Prachtstauden eignen sich beispielsweise Akelei (*Aquilegia*), Sterndolde (*Astrantia major*) sowie Füllstauden wie Katzenminze (beispielsweise *Nepeta racemosa* oder *N.* × *faassenii*). Sie bieten verhaltene Blütenpracht und stehlen den Stars nicht die Schau, wirken aber dennoch nicht wie unscheinbares Fußvolk.

TÜRKISCHER MOHN: PRACHTSTAUDE MIT KLEINEM MAKEL

Eine ebenfalls im Frühsommer blühende Prachtstaude ist der Türkische Mohn (*Papaver orientalis*). Ich liebe die leicht knittrigen, an Seidenpapier erinnernden, leuchtend roten Schalenblüten dieser lang-

Duftiger Frauenmantel (*Alchemilla*) umschmeichelt prächtige, im Frühsommer blühende Stauden wie hier Großblütigen Fingerhut (*Digitalis grandiflora*), eine einheimische, langlebige Wildstaude.

lebigen Staude. Dank züchterischem Fleiß gibt es inzwischen auch wunderschöne Sorten in zarten Rosa-, Lila- und Violettönen und selbst weiße Sorten sind im Handel erhältlich. Einen kleinen Makel haben die robusten Stauden aber: Sie ziehen nach der Blüte das Laub ein und bilden erst im Herbst wieder eine Blattrosette, die dann überwintert. Daher entsteht im Sommer eine recht große Lücke im Staudenbeet. Sie können dieses Manko kaschieren, indem Sie einjährige Lückenfüller (siehe Seite 126) dorthin setzen, wo der Türkische Mohn eine Leerstelle hinterlässt. Die „Platzhalter" gedeihen notfalls auch in Töpfen, die Sie an die verwaisten Stellen im Beet stellen können.

Ich bin jedoch inzwischen dazu übergegangen, auf Türkischen Mohn in jenen Staudenbeeten zu verzichten, die ganzjährig eine stabile, attraktive Pflanzengemeinschaft bilden sollen. Stattdessen platziere ich diese Prachtstaude im rustikalen Bauerngarten, wo es nicht auf gestalterische Perfektion ankommt.

Wer viel Platz hat und großzügig gestalten kann, der sollte allerdings nicht darauf verzichten, es mit Türkischem Mohn im Ziergarten zu versuchen. Mir sind atemberaubende Eindrücke aus einem Garten in Erinnerung, wo zahlreiche Tuffs einer rosafarben blühenden Sorte dieser Prachtstaude ganz souverän und mit unglaublicher Fernwirkung in einer prärieartig bepflanzten Wiese standen.

PRACHTSTAUDEN

Wie der Name schon sagt, handelt es sich bei diesen Staudenarten um echte Blickfänge, die den Ton im Beet angeben. Setzen Sie diese Stauden sparsam in Ihren Pflanzungen ein, damit sie sich nicht gegenseitig die Schau stehlen!

Hemerocallis-Hybriden

Taglilie

AUSSEHEN: Eine kurze Ausläufer bildende Staude mit riemenförmigen, bis 90 cm langen Blättern. An aufrechten Stängeln erscheinen je nach Sorte von Ende Juni bis in den September hinein etwa 10 cm breite, trichterförmige Blüten in einem breiten Farbspektrum. Jede Blüte hält nur einen Tag lang, aber die Pflanze bildet über mehrere Wochen hinweg immer neue Blüten. Ich schätze sie übrigens auch als aparte Zutat zu Sommersalaten! Die großen Hybriden werden bis 100 cm hoch und breit, es gibt aber auch deutlich kleinere.

STANDORT: Sonnig bis halbschattig in humosem, nährstoffreichem, durchlässigem Boden.

PFLEGE: Schneiden Sie nach der Blüte die welken Blütenstängel aus.

VERMEHRUNG: Durch Teilen im zeitigen Frühjahr oder im Herbst.

KOMBINATION: Kombinieren Sie Taglilien mit Mutterkraut (*Tanacetum parthenium*), Frauenmantel (*Alchemilla mollis*), Storchschnabel-Arten (*Geranium*) und Purpurglöckchen (*Heuchera*-Hybriden). Pro m² benötigt man 2, bei kleinwüchsigen Hybriden bis zu 6 Pflanzen.

ALTERNATIVE: Für die Laubwirkung der grasartigen Horste können Sie auch mittelhohe Gräser wir Federborstengras (*Pennisetum*) oder die Wiesen-Schwertlilie (*Iris sibirica*) mit ebenfalls grasartig wirkendem Laub wählen. Ähnliche Blütentrompeten haben viele Lilien, darunter die relativ pflegeleichten, modernen *Lilium* LA-Hybriden, die weniger Platz im Beet beanspruchen.

Lupinus polyphyllus

Vielblättrige Lupine

AUSSEHEN: Eine Staude mit buschigem Horst aus kurz gestielten, handförmig geteilten Laubblättern. Im Mai und Juni erscheinen 20–60 cm lange Blütenkerzen mit zahlreichen, bis 2,5 cm langen Schmetterlingsblüten. Das Farbspektrum reicht von Rahmweiß über Gelb, Rosa und Karminrot bis zu Blau und Violett. Es gibt auch zweifarbige Sorten. Die Pflanze wird 80–120 cm hoch.

STANDORT: Sonnig in mäßig nährstoffreichem, tiefgründigem Boden.

PFLEGE: Lupinen sind etwas anfällig für Schneckenfraß, insbesondere im Austrieb. Achten Sie deshalb auf verdächtige Fraßspuren und sammeln Sie die Tiere gegebenenfalls ab. Ein Rückschnitt nach der Blüte regt zu einer Nachblüte an.

VERMEHRUNG: Durch Stecklinge von nicht blühenden Seitentrieben im Frühjahr.

KOMBINATION: Schöne Begleiter sind Pfingstrosen (*Paeonia*), Wolfsmilch-Arten (*Euphorbia*) sowie Mutterkraut (*Tanacetum parthenium*) und Katzenminze (*Nepeta*). Pro m² benötigt man 2–4 Pflanzen.

ALTERNATIVE: Mit Rittersporn (*Delphinium*) können Sie im Frühsommer ebenfalls vertikale Akzente in Weiß, Blau und Rosa setzen. Wenn Sie Rittersporn nach der Blüte zurückschneiden, blüht er im Spätsommer ein zweites Mal.

Paeonia lactiflora

Chinesische Pfingstrose

AUSSEHEN: Eine langlebige Staude mit lang gestielten, gefingerten Blättern. Es gibt mehr als 5000 Zuchtsorten. Im Mai und Juni entwickeln sich aus ballförmigen Knospen bis 10 cm breite Blüten. Je nach Sorte sind diese einfach, halb oder dicht gefüllt. Das Farbspektrum reicht von Reinweiß über rosafarbene Töne bis hin zu intensivem Magenta- und Burgunderrot. Manche Sorten duften köstlich. Die Pflanze wird bis 110 cm hoch und breit.

STANDORT: Sonnig bis halbschattig in tiefgründigem, fruchtbarem, humosem Boden.

PFLEGE: Pflanzen Sie Pfingstrosen möglichst im Herbst und achten Sie darauf, dass die Triebknospen höchstens 3 cm hoch mit Erde bedeckt sind. Verpflanzen Sie die Staude so selten wie möglich, da sie jeden Standortwechsel mit zum Teil jahrelanger Blühpause quittiert.

VERMEHRUNG: Durch Teilung älterer Horste im Herbst.

KOMBINATION: Kombinieren Sie Pfingstrosen mit Wiesen-Schwertlilien (*Iris sibirica*), Akelei (*Aquilegia*) sowie duftigen Begleitern wie Mutterkraut (*Tanacetum parthenium*). Pro m² benötigt man 1–2 Pflanzen.

ALTERNATIVE: Es gibt sogenannte päonienblütige Tulpensorten, etwa die beliebte ‘Angelique’ (meine Favoritin!), deren Blüten eine verblüffende Ähnlichkeit mit denen der Pfingstrosen haben. Sie beanspruchen weniger Platz im Beet und blühen bereits im April.

AUSDAUER IM HOCHSOMMER

Wenn der Hauptflor von Rosen und Prachtstauden wie Rittersporn, Pfingstrosen und Iris Ende Juni vorüber ist, sehen viele Beete zwar immer noch hübsch und grün, aber doch etwas erschöpft aus. In meinen Anfangsjahren als Gärtner fand ich es schwierig, die Zeit von Juli bis zur Blüte der Spätsommerstauden wie Sonnenbraut, Stauden-Sonnenblumen und den noch später blühenden Herbstastern zu überbrücken. Einige öfter blühende Rosen konnten nicht darüber hinwegtäuschen, dass in den heißen Sommermonaten wenig Spektakuläres in den Beeten zu sehen war. Doch dann entdeckte ich die Vielfalt der Präriestauden und den subtilen Reiz, den sie im Sommer in Kombination mit Gräsern haben. Und ich wagte die Pflanzung von Phlox. Diesen sommerlichen Langzeitblüher hatte ich viel zu lange ignoriert, weil ich dachte, dass seine Anfälligkeit für Mehltau das Vergnügen an diesen farbenfrohen Sommerstauden verderben würde. Inzwischen gibt es jedoch robuste Sorten, vor allem beim Breitblatt-Phlox (*Phlox amplifolia*), die am richtigen Standort ganz ohne den Einsatz von Pflanzenschutzmitteln gesund und zuverlässig bis zum Spätsommer blühen.

SCHÄTZE AUS DER PRÄRIE

Heiße und trockene Sommermonate, die bei uns im Zeichen des Klimawandels immer öfter auftreten, setzen vielen Stauden zu. Erstaunlich gut kommen aber nordamerikanische Präriestauden mit diesen widrigen Bedingungen zurecht. Unter diesen zunehmend beliebten Arten nimmt der Purpur-Scheinsonnenhut (*Echinacea*) eine Spitzenstellung ein. Zahlreiche spektakuläre Züchtungen mit großen Blüten in leuchtenden Farben konkurrieren um die Gunst der Käufer (siehe auch ab Seite 94). Nicht alle sind meiner Meinung nach wirklich gut für die Kombination mit anderen Stauden und Gräsern geeignet, einfach weil sie in ihrer Wirkung zu prächtig und optisch zu dominant sind. Besser lassen sich die etwas schlichter blühenden Wildformen in moderne Beetkompositionen, etwa nach Art des New German Style, integrieren. Schmalblättriger Scheinsonnenhut (*Echinacea angustifolia*), Prärie-Igelkopf (*E. pallida*) und Tennessee-Scheinsonnenhut (*E. tennesseensis*) sind dankbare Langzeitblüher, die wegen ihres Wildcharakters nur selten in konventionellen Staudenbeeten verwendet werden. Für moderne Stauden-Mischpflanzungen eignen sie sich jedoch hervorragend, weil sie sich gut mit anderen Arten zu harmonischen Beetkompositionen verweben lassen und dann auch eine tolle Fernwirkung haben Zudem sind sie meist langlebiger als die modernen Hybridsorten und säen sich an geeigneten Standorten auch selbst aus.

SONNE IM BEET

Wenn Sie Ihren Beeten im Sommer über Wochen eine fröhliche Ausstrahlung verleihen möchten, sind Sie mit Sonnenhut (*Rudbeckia*-Arten) gut beraten. Die mehrjährigen Arten, vor allem der Glatte Sonnenhut (*R. fulgida* var. *sullivantii*) und der Prärie-Sonnenhut (*R. fulgida* var. *deamii*), strahlen Lebensfreude pur aus und sind robuste, lange blühende Sommerstauden. Mit einer Wuchshöhe von maximal 90 cm eignen sie sich gut für Stauden-Mischpflanzungen. Und der Prärie-Sonnenhut mit seinen rauen Trieben und Blättern besitzt nach meiner Erfahrung den großen Vorteil, für Schnecken unattraktiv zu sein. Für die Kombination mit höheren Pflanzpartnern eignet sich Glänzender Sonnenhut, auch Fallschirm-Sonnenhut genannt (*R. nitida*), der bis 200 cm hoch wächst und bis in den Herbst hinein nachblüht. Pflanzen Sie diese Stauden immer in Gruppen und kombinieren Sie diese Sonnenkinder mit Gräsern, dann wirken sie am schönsten!

Sonnenhut (*Rudbeckia*) ist ein echter Dauerbrenner im Hochsommer und sieht am schönsten in großen Gruppen aus.

WILDFORMEN VON SCHEINSONNENHUT

Neben den vielen neuen, ganz aktuellen Zuchtsorten und Hybriden des Scheinsonnenhuts lohnt auch der Blick auf die vielen gartenwürdigen Wildformen der Gattung *Echinacea*. Nahe verwandt ist der gelb blühende Nickende Präriesonnenhut (*Ratibida pinnata*).

Echinacea angustifolia

Schmalblättriger Scheinsonnenhut

AUSSEHEN: Eine Horste bildende Staude mit lanzettlichen, behaarten, dunkelgrünen, bis 15 cm langen Blättern. Von Juni bis Oktober erscheinen bis 15 cm breite Körbchenblüten mit konischem, kupferbraunem Zentrum und schmalen, gebogenen, rosafarbenen Zungenblüten. Die Pflanze wird bis 120 cm hoch und etwa 45 cm breit.

STANDORT: Sonnig in nährstoffreichem, gut durchlässigem Boden.

PFLEGE: Wenn Sie verwelkte Blütenköpfchen sofort ausschneiden, bilden sich rasch neue.

VERMEHRUNG: Durch Aussaat im Frühjahr und durch Teilung im Frühjahr und im Herbst.

KOMBINATION: Ein ideal für Präriepflanzungen geeigneter Dauerblüher. Gut kombinierbar mit anderen Wildformen von Präriestauden wie etwa Sonnenhut (*Rudbeckia*-Arten) und zarten Gräsern wie Mexikanischem Federgras (*Nassella tenuissima*) oder Rasen-Schmiele (*Deschampsia cespitosa*). Pro m² benötigt man 8–10 Pflanzen.

ALTERNATIVE: Für prächtig blühende Staudenbeete mit „Wow-Effekt" wählen Sie stattdessen Sorten des Roten Scheinsonnenhuts (*Echinacea purpurea*).

Echinacea pallida

Prärie-Igelkopf, Blasser Scheinsonnenhut

AUSSEHEN: Eine Horste bildende, an geeigneten Standorten ausdauernde Staude mit schmal lanzettlichen Blättern. Von Juli bis September erscheinen bis 8 cm breite Körbchenblüten mit hängenden, schmalen, blassrosafarbenen Zungenblüten, die ein konisches Zentrum aus kupferbraunen Röhrenblüten umstehen. Die Pflanze wird bis 70 cm hoch.

STANDORT, PFLEGE, VERMEHRUNG, KOMBINATION UND ALTERNATIVE: Wie bei *Echinacea angustifolia*, aber die Pflanze wirkt insgesamt noch etwas zierlicher.

Echinacea paradoxa

Gelber Scheinsonnenhut

AUSSEHEN: Eine Horste bildende Staude mit dunkelgrünen, lanzettlichen Blättern. Von Juli bis Oktober erscheinen 5 cm breite Blüten mit schmalen, leuchtend gelben, nach unten hängenden Zungenblüten, die ein braunes, konisches Zentrum aus Röhrenblüten umstehen. Die Pflanze wird bis 80 cm hoch.

STANDORT: Sonnig bis halbschattig in nährstoffreichem, gut durchlässigem Boden.

PFLEGE UND VERMEHRUNG: Wie bei *Echinacea angustifolia*.

KOMBINATION: Im Prinzip ähnlich kombinierbar wie *Echinacea angustifolia* und andere Scheinsonnenhüte. Die außergewöhnliche Farbe reizt aber auch zu kontrastreichen Kombinationen wie etwa mit Patagonischem Eisenkraut (*Verbena bonariensis*) oder Mazedonischer Witwenblume (*Knautia macedonica*). Pro m² benötigt man 8–10 Pflanzen.

ALTERNATIVE: Für Beete und Rabatten können Sie als robuste, optisch sehr ähnliche Alternative auch Prärie-Sonnenhut (*Rudbeckia fulgida*) verwenden.

Echinacea tennesseensis

Tennessee-Scheinsonnenhut

AUSSEHEN: Eine Staude mit grundständiger Blattrosette und steifen, aufrechten Blütensprossen. Von Juli bis September erscheinen 8 cm breite Körbchenblüten mit nach oben gerichteten, violettrosafarbenen, schmalen Zungenblüten und einem braunroten Zentrum aus Röhrenblüten. Die Pflanze wird 50–80 cm hoch. Die Wildpflanze steht unter Schutz. Im Handel erhältlich sind praktisch identische sogenannte 'Rocky Top'-Hybriden.

STANDORT, PFLEGE, VERMEHRUNG, KOMBINATION UND ALTERNATIVE: Wie bei *Echinacea angustifolia*.

SAISONALE LÜCKENFÜLLER

Die Auswahl an Arten und Sorten von Sommerblumen ist nahezu unerschöpflich und erweitert sich mit jeder Saison. Sie sind nicht nur wunderschön, sondern auch äußerst praktisch, wenn man Lücken im Beet spontan kaschieren möchte.

Dahlia

Dahlie

AUSSEHEN: Eine im Aussehen sehr variable, sortenreiche Gattung mit meist fleischigen Wurzelknollen und mittel- bis dunkelgrünen, meist gefiederten und gezähnten Blättern. Von Juli bis zum ersten Frost erscheinen an aufrechten Trieben attraktive Körbchenblüten, die je nach Sorte ungefüllt, halb gefüllt oder dicht gefüllt sein können. Die Blütenformen sind recht vielfältig: Das Angebot reicht von ungefüllten Sorten über pompon- und seerosenförmige Blüten bis hin zu exotisch wirkenden, riesengroßen Blüten mit schmalen, zugespitzten Zungenblüten (sogenannte Kaktus- und Hirschgeweihdahlien). Auch die Blütengröße variiert je nach Sorte von Hühnereigröße bis zu suppentellergroßen Prachtblüten. Das Farbspektrum reicht von Weiß über Rot, Orange, Rosa und Gelb bis hin zu dunklem Purpur. Es gibt aber auch mehrfarbige, sehr kontrastreiche Sorten. Für die modernen Gartenstile eignen sich vor allem Sorten mit ungefüllten, nicht zu großen, möglichst einfarbigen Blüten. Sie lassen sich besser mit anderen Arten kombinieren als die Sorten mit opulenten Prachtblüten. Die Pflanze wird, je nach Sorte, 20–200 cm hoch.

STANDORT: Sonnig in tiefgründigem, nährstoffreichem, durchlässigem Boden.

PFLEGE: Graben Sie die Wurzelknollen nach dem ersten Frost aus und trennen Sie das Laub ab. Überwintern Sie die Knollen frostfrei und dunkel. Ab März können Sie die Knollen in Töpfen mit Erde im Haus vortreiben und ab Mitte Mai auspflanzen.

VERMEHRUNG: Durch Teilen der Knollen im Vorfrühling oder Stecklinge im Sommer.

KOMBINATION: Vor allem ungefüllte (einfache) Sorten wie 'Bishop of York' (weiß) und 'Bishop of Llandaff' (rot) eignen sich gut für die Kombination mit Stauden und Gräsern. Kombinieren Sie diese Dahlien mit Patagonischem Eisenkraut (*Verbena bonariensis*) – diesbezüglich meine erste Wahl – und Prachtkerze (*Gaura lindheimeri*) sowie mit halbhohen Gräsern, etwa Federborstengras (*Pennisetum*). Pro m² benötigt man von hohen Sorten 3–5, von niedrigen Sorten 5–7 Pflanzen.

ALTERNATIVE: Andere Arten mit ähnlich farbenfrohen Körbchenblüten, etwa Garten-Zinnien (*Zinnia elegans*) oder Garten-Chrysanthemen (*Chrysanthemum × grandiflorum*).

Cosmos bipinnatus

Fiederblättriges Schmuckkörbchen

AUSSEHEN: Eine aufrechte, reich verzweigte Einjährige mit fein zerteilten, fast nadelförmigen, mittelgrünen, bis 30 cm langen Blättern. Von Juli bis Oktober erscheinen einzelne, gefüllte oder ungefüllte, schalenförmige, bis 8 cm breite Blüten in Weiß, Rosa oder Rot. Die Pflanze wird bis 150 cm hoch und 45 cm breit.

STANDORT: Sonnig in nährstoffreichem, durchlässigem Boden.

PFLEGE: Stützen Sie hohe Sorten. Wenn Sie welke Blütenköpfchen entfernen, steigert das die Blühfreudigkeit.

VERMEHRUNG: Durch Aussaat an Ort und Stelle ab Mitte Mai oder durch Vorkultur bei Aussaat unter Glas ab März bei 16 °C.

KOMBINATION: Die zarten Dauerblüher passen gut zu Patagonischem Eisenkraut (*Verbena bonariensis*) und halbhohen Ziergräsern, etwa Federborstengras (*Pennisetum*). Pro m² benötigt man 7–9 Pflanzen.

ALTERNATIVE: Ähnlich zarte Weiß-, Rosa- und Rottöne können Sie mit Bechermalven (*Lavatera trimestris*) ins Beet bringen, die gleich hoch wachsen und ebenfalls von Juli bis Oktober blühen.

Calendula officinalis

Ringelblume

AUSSEHEN: Eine aufrechte Einjährige mit lanzettförmigen, weich behaarten, bis 15 cm langen Blättern. Von Juni bis Oktober erscheinen bis 10 cm breite Körbchenblüten in Gelb- und Orangetönen. Die Pflanze wird 20–60 cm hoch und bis 45 cm breit.

STANDORT: Sonnig in mäßig nährstoffreichem, nicht zu feuchtem, durchlässigem Boden.

PFLEGE: Wenn Sie welke Blütenköpfchen regelmäßig entfernen, steigert das die Blühfreudigkeit.

VERMEHRUNG: Durch Aussaat zwischen April und Juni an Ort und Stelle. Durch zeitlich versetzte Aussaat können Sie blühende Ringelblumen von Juni bis Oktober haben.

KOMBINATION: Ringelblumen passen gut in Bauerngärten und als Farbtupfer im Gemüsegarten. Kombinieren Sie sie in Staudenbeeten mit zierlichen Gräsern, etwa Mexikanischem Federgras (*Nassella tenuissima*). Pro m² benötigt man 12–15 Pflanzen.

ALTERNATIVE: Ein ähnlich fröhliches Gelborange zeigen die Blüten von Gewöhnlicher Studentenblume (*Tagetes patula*) und Kalifornischem Kappenmohn (*Eschscholzia californica*).

Patagonisches Eisenkraut (*Verbena bonariensis*) und Prachtkerze (*Gaura lindheimeri*) sind ausdauernd blühende Begleiter, die als Weichzeichner im Beet wirken.

FURIOSES HERBSTFINALE

Herbst im Garten bedeutet nicht zwangsläufig, dass kaum noch etwas blüht. Im Gegenteil, denn jetzt schlägt die Stunde der herbstblühenden Astern-Arten. Die Auswahl ist riesig: kompakte Arten wie Kissen-Astern (*Aster dumosus*), buschig verzweigte Myrten-Astern (*A. ericoides*), aufrecht und relativ hoch wachsende Raublatt-Astern (*A. novae-angliae*) und Glattblatt-Astern (*A. novi-belgii*) sowie Astern-Arten mit Wildcharakter, etwa Glatte Aster (*A. laevis*) oder Blaue Wald-Aster (*A. cordifolius*). Das Spektrum der Blütenfarben bei Astern reicht von Weiß über zarte Rosa- und Blautöne bis hin zu kräftigen Pink-, Blau- und Violetttönen. Die Hauptblütezeit der meisten Herbstastern liegt zwischen September und Oktober. Es gibt jedoch auch Arten, die noch später ihre Blütenknospen öffnen und dann bis in den November hinein blühen, etwa die Weichhaarige Aster (*A. pilosus*, Syn. *A.* × *amethystinus*). Diese etwa 140 cm hoch wachsende Hybride hat, trotz ihrer gärtnerischen Herkunft, einen charmanten Wildcharakter und passt hervorragend in moderne Stauden-Mischpflanzungen.

Bei der Auswahl von Astern für Beetgestaltungen nach Art des New German Style sollten Sie möglichst auf Arten achten, die kleine, dafür aber zahlreiche Blüten in nicht zu knalligen Farben tragen. Sie lassen sich besser mit Gräsern und Wildstauden kombinieren, ohne dabei fremdartig zu wirken. Astern-Arten mit kräftigen Farbtönen und üppigem Flor passen eher in konventionelle Beete und Rabatten.

GARTENSCHÄTZE MIT LANGEM ATEM

Es gibt Stauden, die vom Sommer bis weit in den Herbst hinein blühen, ohne an Attraktivität zu verlieren. Sie sind echte Gartenschätze und eignen sich besonders gut für Stauden-Mischpflanzungen, weil sie für eine gewisse Konstante im Beet sorgen. Dazu gehören die Japanischen Herbst-Anemonen (*Anemone hupehensis* var. *japonica*), die entgegen ihres Namens bereits im Sommer zu blühen beginnen (siehe auch Seite 102). Es gibt zahlreiche schöne Hybridsorten, die unterschiedliche Blütezeiten haben. Zu den herausragenden Sorten gehört zweifellos die einfach bis halbgefüllt in Weiß blühende Sorte 'Honorine Jobert'. Sie bildet Horste, aber keine Ausläufer und wächst etwa 100 cm hoch, beginnt oft schon im August zu blühen und hält bis weit in den Oktober hinein durch. Sie eignet

Im Spätsommer und Herbst blühende Astern-Arten lassen die Staudenbeete zum Abschluss der Saison noch einmal in bunten Farben aufleuchten. Kombiniert man sie mit Gräsern, gewinnt die Pflanzung an Leichtigkeit.

sich als Leitstaude sowohl für den Gehölzrand als auch für Prachtstaudenbeete. Sie wirkt edel und elegant, passt aber auch zu natürlichen Szenarien

WERTVOLLE BEGLEITSTAUDEN

Unschätzbar sind zudem zarte, aber ausdauernde Begleitstauden als Weichzeichner, wie etwa das Patagonische Eisenkraut (*Verbena bonariensis*, siehe auch Seite 59). Bis zum ersten Frost bilden sich an drahtigen Trieben immer wieder charmante, violettblaue Trugdolden. Ich liebe diese vielseitige, niemals aufdringliche Staude, auch wenn sie meist kurzlebig ist. Ebenfalls unermüdlich bis zum Frost erscheinen die zarten, wie kleine Schmetterlinge durch die Beete tanzenden Blüten der Prachtkerze (*Gaura lindheimeri*). Wählen Sie bei beiden Staudenarten möglichst hoch wachsende Sorten, wenn Sie damit Beete im Stil des New German Style gestalten möchten. Die gedrungen wachsenden Zuchtsorten eignen sich eher für die Balkonbepflanzung. Als Begleitstauden passen sie hervorragend zu Astern, Sonnenhüten (*Rudbeckia*-Arten), den Wildarten von Scheinsonnenhut (*Echinacea*) sowie zu Gräsern. Zusammen mit diesen Pflanzpartnern zeichnen sie ein stimmungsvolles Herbstbild im Garten.

Im milden Herbstlicht sehen viele Stauden besonders schön aus. Jetzt ist die Zeit der Reife – genießen Sie die milden Herbsttage im Garten und ernten Sie mit Blicken, was Sie im Frühjahr gepflanzt haben!

HERBSTBLÜHENDE ASTERN-ARTEN

Es gibt zwar zahlreiche Astern-Arten, die im Spätfrühjahr und Sommer blühen, aber eigentlich verbindet man Asterblüten mit den Herbstmonaten. Kurz bevor die Gartensaison endet, entfalten sie ihre ganze Pracht und Schönheit und sorgen für ein facettenreiches Farbenspiel in den Beeten.

Aster cordifolius

Blaue Wald-Aster

AUSSEHEN: Eine aufrechte, stark verzweigte Staude mit ovalen, bis 7 cm langen Blättern. Im September und Oktober bilden sich lockere Rispen mit zahlreichen kleinen, bis 1 cm großen, blauvioletten Körbchenblüten. Die Pflanze wird 60–150 cm hoch und 45 cm breit.

STANDORT: Sonnig bis halbschattig in mäßig fruchtbarem, durchlässigem, feuchtem Boden.

PFLEGE: Sehr pflegeleicht. Stützen Sie höhere Exemplare, damit sie nicht auseinanderfallen.

VERMEHRUNG: Durch Teilen im Frühjahr.

KOMBINATION: Kombinieren Sie diese duftige Astern-Art mit Prachtkerze (*Gaura lindheimeri*), Japanischer Herbst-Anemone (*Anemone hupehensis* var. *japonica*) sowie Ziergräsern wie etwa Federborstengras (*Pennisetum*) oder zierlichen Sorten des Eulaliagrases, etwa *Miscanthus sinensis* 'Graziella'. Pro m² benötigt man 5 Pflanzen.

ALTERNATIVE: Sehr ähnlich in Erscheinung, Blütezeit und Standortansprüchen ist Pringles Aster (*Aster pringlei*).

Aster ericoides

Erika-Aster, Myrten-Aster

AUSSEHEN: Eine aufrechte, Gruppen bildende Staude mit reich verzweigten Sprossen und kleinen, lanzettlichen, mittelgrünen, bis 4 cm langen Blättern. Von September bis Anfang November erscheinen an lockeren Rispen bis 1 cm breite, weiße oder lilafarbene Blütenkörbchen. Die Pflanze wird bis 100 cm hoch und 30 cm breit.

STANDORT: Sonnig in mäßig fruchtbarem, durchlässigem Boden.

PFLEGE: An schattigen, feuchten Standorten ist die Pflanze anfällig für Mehltau.

VERMEHRUNG: Durch Teilen der Horste im Frühjahr.

KOMBINATION: Die Erika-Aster passt gut zu anderen Herbstastern sowie zu Purpur-Fetthenne (*Sedum telephium*) und Ziergräsern, etwa Federborstengras (*Pennisetum*) oder Echte Rutenhirse (*Panicum virgatum*). Pro m² benötigt man 5 Pflanzen.

ALTERNATIVE: Die Kattun-Aster (*Aster lateriflorus*) bringt ebenfalls im Herbst Wolken kleiner, weißer Blütenkörbchen hervor.

Aster novae-angliae

Neuengland-Aster, Raublatt-Aster

AUSSEHEN: Eine aufrechte, Gruppen bildende Staude mit spitz-ovalen, behaarten, etwa 7 cm langen Blättern. Von September bis Oktober öffnen sich kleine Büschel mit 3–4 cm großen Körbchenblüten. Es gibt ein breites Sortenspektrum. Je nach Sorte sind die Blüten weiß, rosa, rot, lila oder blau. Die Körbchenmitte ist stets gelblich. Je nach Sorte wird die Pflanze 80–150 cm hoch und 60 cm breit.

STANDORT: Sonnig bis halbschattig in lehmigem, nicht zu trockenem, aber durchlässigem Boden.

PFLEGE: Stützen Sie hohe Sorten schon während des Wachstums und verjüngen Sie ältere, von innen her verkahlende Horste durch Teilen im Frühjahr.

VERMEHRUNG: Durch Teilen im Frühjahr. Gelegentlich findet eine Selbstaussaat statt. Die Sämlinge sind aber selten farbtreu.

KOMBINATION: Schön zusammen mit anderen Herbstastern und Ziergräsern, etwa Gartensandrohr (*Calamagrostis × acutiflora* 'Karl Foerster'). Die oft im Herbst im unteren Drittel verkahlenden Stängel können Sie beispielsweise mit Purpur-Fetthenne (*Sedum telephium*) kaschieren. Pro m² benötigt man 5 Pflanzen.

ALTERNATIVE: Glattblatt-Astern (*Aster novi-belgii*) haben ein ähnliches Erscheinungsbild, gleiche Standortansprüche und ebenfalls ein reiches Sortenspektrum. Mehr Glück im Beet hatte ich jedoch immer mit Raublatt-Astern, die weniger anfällig für Mehltau und Schneckenfraß sind.

WINTERLICHE IMPRESSIONEN

Gärten können auch im Winter attraktiv und einen zweiten Blick wert sein. Waren sie früher eine eher triste Angelegenheit, so hat sich in den letzten Jahren die Erkenntnis durchgesetzt, dass man mit dem Ende der Blütensaison nicht alle Pflanzen bodeneben abschneiden muss. Dies ist nicht zuletzt dem Einfluss der New German Style-Bewegung zu verdanken, aber auch dem wachsenden ökologischen Bewusstsein vieler Hobbygärtner. Wenn Sie die Stauden bereits im Herbst ausputzen und zurückschneiden, bringen Sie sich zudem um einige der zauberhaftesten Eindrücke. Denn Tau und Raureif, später auch dekorative Schneehäubchen auf den verholzten Blütenstängeln und Gräserhorsten, verwandeln die Überreste des Sommers in filigrane Kunstwerke. Stauden und mehrjährige Gräser sollten Sie ohnehin besser erst im Frühjahr zurückschneiden. Die abgestorbenen Pflanzenteile schützen die bereits für das kommende Frühjahr angelegten Triebknospen vor Frostschäden. Zudem bieten die Samenstände vieler Arten eine willkommene Winternahrung für Vögel. Was die gefiederten Freunde übrig lassen, fällt vielleicht auf fruchtbaren Boden und versamt sich im Sinne des Blackbox-Gardenings (siehe Seite 56). Im folgenden Gartenjahr machen dann viele junge Staudenkinder die Beete noch schöner. Und wenn es dann doch mal zu viele sind, können Sie die Sämlinge verpflanzen, weiterschenken oder einfach jäten.

Lässt man welke Blütenstände im Winter auf den Beeten stehen, kann man sich an den markanten Strukturen erfreuen.

ATTRAKTIVE SAMENSTÄNDE

Zu den Stauden mit auch im Winter attraktiven Samenständen gehören viele Präriestauden wie Sonnenhut (*Rudbeckia*-Arten), Scheinsonnenhut (*Echinacea*-Arten und -Hybriden), Duftnesseln (*Agastache*) und Prachtscharte (*Liatris spicata*). Die an standfesten Stängeln stehenden Fruchtstände dieser Arten bilden einen markanten Blickfang im winterlichen Staudenbeet. Ganz besonders attraktiv sind die in Etagen übereinander stehenden, quirlartigen Samenstände von Russels Brandkraut (*Phlomis russeliana*). Aber auch die Fruchtstände von Purpur-Fetthenne (*Sedum telephium* und *Sedum*-Hybriden), Wasserdost (*Eupatorium*), Doldenblütlern wie Engelwurz (*Angelica*) sowie die tellerförmigen, trockenen Blütenstände der Schafgarbe (*Achillea filipendulina*) tragen ihren Teil zum winterlichen Gartenschmuck bei. Zusammen mit den ausgebleichten Horsten von Gräsern wie etwa Japanischem Federborstengras (*Pennisetum alopecuroides*) und Eulaliagras (*Miscanthus sinensis*) entsteht quasi im Vergehen ein neues Gartenbild, das zwar weniger farbenfroh ist als blühende Beete, aber in seiner subtilen Wirkung seinen ganz eigenen Reiz hat.

LEBHAFTES ZUSAMMENSPIEL

Gemeinsam mit immergrünen Stauden, etwa Wolfsmilch-Arten (*Euphorbia*) oder Nieswurz (*Helleborus*), ausdauernden Gräsern sowie Halbsträuchern wie Lavendel und Heiligenkraut (*Santolina*) bilden die standfesten Überreste der Sommerstauden einen reizvollen Anblick, selbst wenn es an bunten Blüten mangelt. Auf den ersten Blick wirkt ein derart bepflanztes und im Herbst nicht „abgeräumtes" Staudenbeet vielleicht etwas verwahrlost und morbide. Beim näheren Betrachten werden Sie sich aber dem Reiz der verschiedenen Nuancen von Gelb-, Grau- und Brauntönen, den Strukturen und Texturen sowie dem Spiel der Formen kaum entziehen können. Und beim genauen Hinsehen finden Sie vielleicht in Ihrem Garten schon Anzeichen für neues Leben, das nur darauf wartet, sich im folgenden Frühjahr zu neuer Pracht zu entfalten.

IMMERGRÜNE GRÄSER

Diese vitalen Gräser sind eine Wunderwaffe gegen die winterliche Tristesse im Garten: Sie setzen lebendige Akzente in ansonsten verwaisten Beete. Sie trotzen Frost und Schnee und sehen als Solitäre umso schöner aus, wenn die anderen Stauden im Winter Pause machen.

Carex pendula

Hänge-Segge, Riesen-Segge

AUSSEHEN: Ein büscheliges, immergrünes, dichte Horste bildendes Gras mit etwa 1,5–2 cm breiten, gekielten, mittelgrünen, überhängenden Blättern, die bis 90 cm lang werden. Von Juni bis August erscheinen an gebogenen, bis 150 cm langen Sprossen zylinderförmige, kätzchenartige, zunächst aufrechte, später hängende Ähren. Die Pflanze wird etwa 60 cm, zur Blütezeit bis 150 cm hoch und 150 cm breit.

STANDORT: Sonnig bis halbschattig in kalkhaltigem, nicht zu trockenem, aber durchlässigem Boden.

PFLEGE: Schneiden Sie die verblühten Ähren rechtzeitig zurück, um eine reichliche Selbstaussaat zu verhindern. Ältere Pflanzen sollten Sie alle paar Jahre teilen, damit die Gräserhorste nicht von innen heraus verkahlen.

VERMEHRUNG: Durch Teilen im Frühjahr oder durch Aussaat nach der Samenreife.

KOMBINATION: Diese imposante, schattentolerante Staude passt gut zu Astilben, großen Funkien (*Hosta*), Farnen und Schaublatt-Arten (*Rodgersia*). Pro m² benötigt man 2–3 Pflanzen.

ALTERNATIVE: Die Sorte 'Yakushima Dwarf' des sommergrünen Eulaliagrases (*Miscanthus sinensis*) hat einen ähnlichen Habitus, verträgt aber trockene Böden an sonnigen Standorten und versamt sich nicht.

Fargesia murieliae

Muriels Schirmbambus

AUSSEHEN: Der auch unter den Namen *Sinarundinaria murieliae, Arundinaria murieliae* oder *Thamnocalamus spathaceus* bekannte, dichte Horste bildende, immergrüne Bambus hat aufrechte, gelbgrüne Sprosse mit lanzettlichen, leuchtend grünen, bis 15 cm langen Blättern. Diese Bambus-Art bildet keine Ausläufer, wird 300–400 cm hoch und 150 cm breit.

STANDORT: Sonnig bis halbschattig in fruchtbarem, feuchtem, aber durchlässigem Boden.

PFLEGE: Dieser Bambus verträgt keine trockenen Böden. Wässern Sie ihn daher bei anhaltender Trockenheit.

VERMEHRUNG: Durch Teilen im Frühjahr.

KOMBINATION: Dieses Riesengras bildet als Solitärpflanze einen schönen Blickfang mit Fernwirkung, eignet sich aber auch gut als Hecke. Pro m² benötigt man 1 Pflanze.

ALTERNATIVE: Trockenheitstoleranter und etwas niedriger wachsend sind Sorten des sommergrünen Eulaliagrases (*Miscanthus sinensis*), etwa 'Malepartus' mit rund 200 cm Höhe oder die bis 350 cm hohe Hybride *M.* × *giganteus* 'Aksel Olsen'.

Festuca mairei

Atlas-Schwingel

AUSSEHEN: Ein aufrechtes, Horste bildendes, immergrünes Gras mit elegant überhängenden, graugrünen, schlanken Blättern, die sich zum Winter hin beige färben. Im Juni und Juli erscheinen an schlanken Stielen zarte Blütenähren, die über dem Blattschopf stehen. Die Pflanze wird 60–100 cm hoch und etwa 75 cm breit.

STANDORT: Sonnig in mäßig fruchtbarem, neutralem, trockenem bis frischem, gut durchlässigem Boden.

PFLEGE: Äußerst pflegeleicht. Im Spätwinter können Sie welkes Laub von Hand auskämmen (Handschuhe tragen!). Wenn Sie die Ähren nach dem Verblühen zurückschneiden, verhindern Sie eine Selbstaussaat.

VERMEHRUNG: Durch Aussaat nach der Samenreife oder Teilen im Frühjahr.

KOMBINATION: Als Solitärpflanze bildet Atlas-Schwingel einen schönen Blickfang in Steppenpflanzungen. Sie können ihn aber auch mit Astern und Präriestauden kombinieren. Pro m² benötigt man 1–3 Pflanzen.

ALTERNATIVE: Eine ähnliche Wirkung erzielen Sie mit Japanischem Federborstengras (*Pennisetum alopecuroides*), das allerdings nicht immergrün ist. Für Standorte mit feuchterem Boden im Halbschatten eignet sich die immergrüne Hänge-Segge (*Carex pendula*). Sie hat jedoch nicht so filigranes Laub wie der Atlas-Schwingel.

SERVICE

BEZUGSQUELLEN

EMPFEHLENSWERTE STAUDENGÄRTNEREIEN MIT PFLANZENVERSAND

Arends Maubach
Staudengärtnerei & Gartenkultur
Monschaustraße 76
D-42369 Wuppertal
stauden@arends-maubach.de
www.arends-maubach.de

Staudengärtnerei Dieter Gaissmayer
Jungviehweide 3
D-89257 Illertissen
info@staudengaissmayer.de
www.staudengaissmayer.de

Staudengärtnerei Gräfin von Zeppelin
Weinstraße 2
D-79295 Sulzburg-Laufen
Info@graefin-von-zeppelin.de
www.graefin-von-zeppelin.de

Staudenkulturen Stade
Beckenstrang 24
D-46325 Borken
info@stauden-stade.de
www.stauden-stade.de

Sarastro-Stauden
Ort im Innkreis 131
A-4974 Ort im Innkreis
Österreich
office@sarastro-stauden.com
www.sarastro-stauden.com

Frei Weinlandstauden AG
Breitestraße 5
CH-8465 Wildensbuch ZH
Schweiz
haus.frei@frei-weinlandstauden.ch
www.frei-weinlandstauden.ch

Staudengärtnerei Hospenthal-Kägi
Landstraße 37
CH-5417 Untersiggenthal
Schweiz
blumen@hospenthal-kaegi.ch
www.hospenthal-kaegi.ch

EMPFEHLENSWERTE STAUDENGÄRTNEREIEN (KEIN VERSAND)

Foerster Stauden GmbH
Am Raubfang 6
D-14469 Potsdam-Bornim
info@foerster-stauden.de
www.foerster-stauden.de

Gärtnerei Hügin
Zähringerstraße 281
D-79108 Freiburg
www.ewaldhuegin.com

ZWIEBELPFLANZEN (VERSAND)

Staudengärtnerei Dieter Gaissmayer
Siehe: Staudengärtnereien

Staudengärtnerei Gräfin von Zeppelin
Siehe: Staudengärtnereien

Horst Gewiehs
Blumenzwiebel-Großhandel
Italienischer Weg 1
D-37287 Wehretal
info@gewiehs-blumenzwiebeln.de
www.gewiehs-blumenzwiebeln.de

Albrecht Hoch
Potsdamer Straße 40
D-14163 Berlin
www.albrechthoch.de

Bernd Schober
Blumenzwiebelversand
Stätzlinger Straße 94 a
D-86165 Augsburg
www.der-blumenzwiebelversand.de

Stefan Strasser
Lilienkulturen, Pflanzenraritäten
Am Europakanal 40
D-91056 Erlangen
www.lilien-strasser.de

Albert Treppens
Blumenzwiebeln, Saatgut, Düngemittel
Berliner Straße 84
D-14169 Berlin
www.treppens.de

VEREINE UND VERBÄNDE

Gesellschaft der Staudenfreunde e. V.
GdS Geschäftsstelle: Evi Roth
Neubergstraße 11
D-77955 Ettenheim
info@gds-staudenfreunde.de
www.gds-staudenfreunde.de

Verband der Landwirtschaftlichen Untersuchungs- und Forschungsanstalten (VDLUFA)
(Bodenanalysen)
Informationen unter www.vdlufa.de

STAUDENSICHTUNGSGÄRTEN UND SCHAUGÄRTEN

Staudensichtungsgarten der Fachhochschule für Gartenbau, Weihenstephan
Am Staudengarten 8
D-85345 Freising/Weihenstephan
www.hswt.de/fgw

Schau- und Sichtungsgarten Hermannshof e. V.
Babostraße 5
D-69469 Weinheim/Bergstraße
www.sichtungsgarten-hermannshof.de

Schaugarten der Bayerischen Landesanstalt für Weinbau und Gartenbau
(LWG)
An der Steige 15
D-97209 Veitshöchheim
www.lwg.bayern.de

Sichtungsgarten Hannover
(Berggarten)
Herrenhäuser Straße 4
D-30419 Hannover
www.hannover.de/herrenhausen

ZUM WEITERLESEN

DAS GROSSE BUCH DER GARTENBLUMEN
Barlage, Andreas und von Berger, Frank M.; Verlag Eugen Ulmer, 2016

Alles über Auswahl, Pflanzung, Verwendung und Pflege von Stauden und Gräsern. Ausführliche Porträts in Wort und Bild, dazu Tabellen mit aktuellen Sorten – wer mit Stauden gärtnern und gestalten möchte, findet hier Antworten auf alle Fragen und ein reiches Spektrum gängiger sowie ausgefallener Sorten.

DAS GROSSE BUCH DER GARTENPFLANZEN
Bärtels, Andreas; Barlage, Andreas und von Berger, Frank M.; Verlag Eugen Ulmer, 2013

Ein ausführliches Standardwerk mit Informationen zur Gestaltung, Auswahl, Pflanzung, Verwendung und Pflege von über 4500 wichtigen Gartenpflanzen. Eigentlich unverzichtbar, wenn man sich auf das Abenteuer einlassen möchte, einen Garten anzulegen oder noch schöner zu gestalten.

DER KIESGARTEN
Chatto, Beth; Verlag Eugen Ulmer, vergriffen

Der Klassiker der legendären „Erfinderin" des Kiesgartens. Beth Chatto vermittelt hier ihre Erfahrungen und ihre Arbeitsweise bei der Anlage und Pflege von Gärten auf trockenen Standorten mit mageren Böden.

ENZYKLOPÄDIE DER GRÄSER
Darke, Rick; Verlag Eugen Ulmer, 2010

Was immer Sie über Gräser wissen möchten: in diesem gewichtigen Klassiker finden Sie Antworten und viele Beispiele für die Verwendung von ein- und mehrjährigen Gräsern sowie tolle Pflanzenporträts!

GARTENMANIFEST
Gerritsen, Henk; Verlag Eugen Ulmer, 2014

Das zentrale Buch der Dutch-Wave-Bewegung. Der Autor gehörte zu den Wegbereitern eines modernen, naturalistischen Gartenstils. Sein letztes gestalterisches Großprojekt in Waltham Place (GB), die Überformung einer historischen Anlage, brachte ihm internationale Anerkennung. Gerritsen beschrieb in seinem letzten und wohl wichtigsten Buch kurzweilig und kenntnisreich die Entstehung und Entwicklung seines eigenen, inzwischen legendären Priona-Gartens im niederländischen Schuinesloot. Mehr ein Lesebuch als ein Nachschlagewerk – sehr eigen und überaus anregend.

STAUDENMISCHPFLANZUNGEN PRAXIS, BEISPIELE, TENDENZEN
Heinrich, Axel und Messer, Uwe J.; Verlag Eugen Ulmer, 2012.

Für Leser, die tiefer in die Verwendung von Stauden eintauchen möchten. Der Schwerpunkt liegt auf dem Einsatz von Staudenmischpflanzungen im öffentlichen Grün.

SICHTUNGSGARTEN WEIHENSTEPHAN
Hertle, Bernd; Verlag Eugen Ulmer, 2015.

Stimmungsvoller und informativer Bildband über den bekannten Sichtungsgarten für Stauden, Sträucher und ADR-Rosen in Freising bei München. Mit faszinierenden Fotografien von Christa Brand.

NEUE STAUDENVERWENDUNG
Kühn, Norbert; Verlag Eugen Ulmer, 2011

Alles, was man über die Verwendung von Stauden schon immer wissen wollte: Historisches, Praktisches und viele Informationen über standortgerechtes Pflanzen. Ein umfassendes Werk für alle, die es eher wissenschaftlich angehen wollen.

PRÄRIEGÄRTEN. FASZINIEREND UND STIMMUNGSVOLL
Machiels, Laurence; Verlag Eugen Ulmer, 2010

Das Buch entstand unter Mitarbeit der Pioniere des New German Styles, Cassian Schmidt und Jan Spruyt. Kontrollierte Pflanzungen von Stauden und Gräsern, die modern, pflegeleicht, naturnah und einfach schön sind.

DAS GROSSE ULMER GARTENLEXIKON
Meyer, Joachim; Verlag Eugen Ulmer, 2012

Unter alphabetisch geordneten Stichworten finde ich hier immer wieder Rat und Hilfe für alle Garten-Situationen: Gestaltung, Arbeitsweisen, Porträts aller wichtigen Nutz- und Zierpflanzen, Beschreibung und Bekämpfung von Krankheiten und Schädlingen sowie Schritt-für-Schritt-Anleitungen zu Spezialthemen.

FASZINATION WEITE
Pelz, Petra und Timm, Ulrich; Verlag Eugen Ulmer, 2013

Ein sehr schön bebildertes Buch über die Arbeit der Landschaftsarchitektin, bei der die Begeisterung für ihre auf den Prinzipien des New American Gardening beruhenden Projekte auf jeder Seite zu spüren ist.

BLACKBOX GARDENING. MIT VERSAMENDEN PFLANZEN GÄRTEN GESTALTEN
Reif, Jonas; Kress, Christian und Becker, Jürgen; Verlag Eugen Ulmer, 2014

Dieses Buch ist ein mutiges Plädoyer für das abenteuerliche Gärtnern mit dem Zufall. Attraktive Gartenpflanzen, die sich selbst versamen, machen das Gärtnern einfacher und zugleich spannender. Dass dennoch schöne Beete daraus entstehen, zeigen die Fotos in diesem praxisnahen Buch.

HERMANNSHOF. SCHAU- UND SICHTUNGSGARTEN
Schmidt, Cassian; Verlag Eugen Ulmer, 2013

Cassian Schmidt gehört zu den Wegbereitern des New German Style. Der Leiter des berühmten Schau- und Sichtungsgartens in Weinheim an der Bergstraße porträtiert sein Reich. Schwerpunkt des Buches sind die Geschichte der Entstehung des Gartens und Pflanzkonzepte, die sich an natürlichen Vorbildern orientieren. Atmosphärische Fotos von Philippe Perdereau bebildern das schöne Buch.

HERRENHÄUSER GÄRTEN. BERGGARTEN
Zessin, Sabine und Schulze, Stefan; Verlag Eugen Ulmer, 2016

Ein schönes Porträt des Berggartens in Hannover, wo es auch einen Prärie- und einen Steppengarten zu sehen gibt.

SCHNELL GEFUNDEN

BILDQUELLEN

ALLE FOTOS STAMMEN VOM AUTOR, außer:
botanikfoto/Steffen Hauser: Seite 5 o., 9, 64/65 **mauritius images:** Titelbild, Seite 2, 4 o., 5 u., 6/7, 10, 12/13, 18/19, 22, 23 o., 25 o., 25 u., 27 o., 28/29, 35, 45, 46, 48 u., 53, 54, 56, 57, 67, 68, 70, 71 li., 73, 74, 75 u., 77 li., 77 re., 78 o., 78 u., 82, 83, 86, 87, 88, 90, 95 u., 96, 97, 98, 99 o., 99 u., 100, 101, 106, 108/109, 118/119, 123, 124 o., 128, 130, 131 li., 132, 134, 135 li., 135 re., 143.
Möhrle, Bigi: Seite 60, 63 **sethaporn/Shutterstock.com:** Betonfläche U1 und Innenteil
zoonar/Manfred Ruckszio: Seite 39 li.

Die in diesem Buch enthaltenen Empfehlungen und Angaben sind vom Autor mit größter Sorgfalt zusammengestellt und geprüft worden. Eine Garantie für die Richtigkeit der Angaben kann aber nicht gegeben werden. Autor und Verlag übernehmen keinerlei Haftung für Schäden und Unfälle.

IMPRESSUM

BIBLIOGRAFISCHE INFORMATION DER DEUTSCHEN NATIONALBIBLIOTHEK
Die Deutsche Nationalbibliothek verzeichnet diese Publikation in der Deutschen Nationalbibliografie; detaillierte bibliografische Daten sind im Internet über http://dnb.d-nb.de abrufbar.

Wollgrasweg 41, 70599 Stuttgart (Hohenheim)
E-Mail: info@ulmer.de
Internet: www.ulmer-verlag.de
Konzeption und Projektmanagement: SeitenWerk, Ute Rather, Hamburg
Lektorat: Doris Kowalzik, Antje Krause
Herstellung: Gabriele Wieczorek
Umschlagentwurf: Michaela Mayländer, Stuttgart, www.sistermic.de
Layout und Satz: red.sign, Stuttgart: Susanne Junker
Reproduktionen: timeRay Visualisierungen, Herrenberg
Druck und Bindung: Firmengruppe APPL, aprinta druck, Wemding
Printed in Germany

ISBN 978-3-8001-0307-2

Hier können Sie weiterlesen:

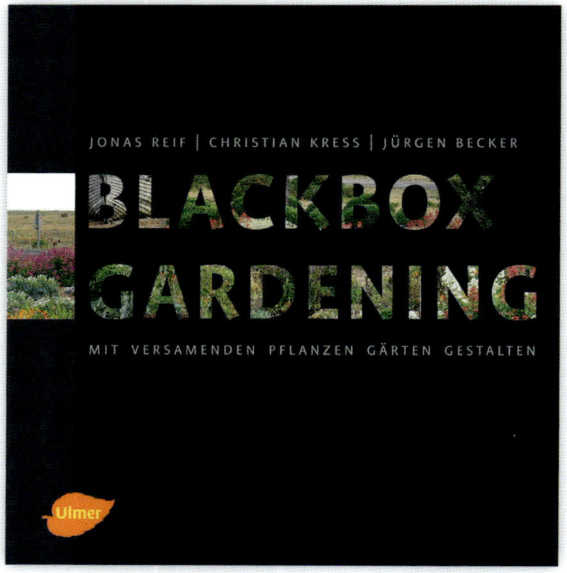

Sie kennen Gartengestaltung so: Pflanzen kaufen, austopfen und einpflanzen. Das war gestern. Heute soll Ihr Garten ein Naturerlebnis sein, farbenfroh und blütenreich und dazu noch überraschend und preiswert. Das gelingt mit selbstversamenden Pflanzen. Sie benötigen nur wenige Initialpflanzen und vor allem Samen. Dann heißt es beobachten und experimentieren, denn von nun an sucht sich jede Pflanze ihren Platz selbst. Sie greifen ein, wenn es Ihnen zu bunt wird oder wenn Sie das Ganze gestalterisch perfektionieren wollen. Ansonsten spielen Dynamik und Zufall eine bedeutende Rolle. Die 85 vorgestellten Pflanzen sind besonders geeignet und lassen sich einfach in Ihrem Garten etablieren.

Blackbox-Gardening. Mit versamenden Pflanzen Gärten gestalten. Jonas Reif, Christian Kreß. 2014. 188 Seiten, mit 221 Farbfotos von Jürgen Becker, Flexcover. ISBN 978-3-8001-7538-3.

Dieses Buch erzählt vom Mut und vom Abenteuer, auf einer Obstwiese einen traumhaften Garten zu erschaffen. Denn vorher war hier Nichts und jetzt ist ein prächtiges Kiesbeet mit zahlreichen Staudenarten der neue Mittelpunkt des Gartens. Viel Fantasie und Tatkraft waren nötig, aber grandiose Staudenkompositionen, sonnige Nachmittage vor der Laube und die Bewunderung anderer Gartenenthusiasten sind alle Mühe wert. Zahlreiche Vorher-nachher-Fotos illustrieren die Entstehung des Gartens von Anfang an und Sie lernen die außergewöhnlichen Pflanzen kennen, die diesen Garten so besonders machen.

Ein Wunsch wird Garten. Endlich entdeckt und fantasievoll gestaltet. Frank M. von Berger. 2014. 160 Seiten, 160 Farbfotos, geb. mit SU. ISBN 978-3-8001-8267-1.

Ulmer **Ganz nah dran.**